南京城墙

杨国庆 著

江苏凤凰美术出版社

图书在版编目（CIP）数据

南京城墙 / 杨国庆著. -- 南京 : 江苏凤凰美术出版社, 2019.8
（符号江苏精选本）
ISBN 978-7-5580-6572-9

Ⅰ. ①南… Ⅱ. ①杨… Ⅲ. ①城墙—介绍—南京 Ⅳ. ①K928.77

中国版本图书馆CIP数据核字(2019)第157844号

责任编辑　施　铮　汪意云
装帧设计　曲闵民　高　森
扉页插图　陈敏娜
责任校对　吕猛进
责任监印　朱晓燕
实习编辑　廖顺瑜

书　　名　南京城墙
著　　者　杨国庆
出版发行　江苏凤凰美术出版社（南京市中央路165号　邮编: 210009）
出版社网址　http://www.jsmscbs.com.cn
制　　版　江苏凤凰制版有限公司
印　　刷　南京新世纪联盟印务有限公司
开　　本　787mm×1092mm　1/32
印　　张　6
版　　次　2019年8月第1版　2019年8月第1次印刷
标准书号　ISBN 978-7-5580-6572-9
定　　价　68.00元

营销部电话　025-68155790　营销部地址　南京市中央路165号

内容简介

南京城墙建于公元14世纪中叶，是明太祖朱元璋定都南京之后为了保卫京师而建筑的重要防御工程，是中国筑城史上成熟时期重要的代表作，也是南京城市最具代表性的历史文化符号。它设计思想独特、建造工艺精湛、规模恢弘雄壮，为我国古代城市军事防御系统工程、城垣建造技术集大成之作。

南京城墙已被列入中国申报“世界文化遗产”备选项目——“中国·明清城墙”组合项目之一。

作者简介

杨国庆，副研究员，原南京城墙博物馆研究部主任。二十多年来，从事中国历史文化研究，先后发表或出版了许多论文和专著，影响较大的有《南京城墙设计思想探微》《南京城墙志》《南京城墙砖文》《城墙文化的意义与当代城墙文化保护》《中国古城墙》等。先后以专家、访问学者身份赴意大利、德国进行城墙合作保护和城墙比较研究。2012年被授予国务院颁发的专家特殊津贴。

目录

CONTENTS

引言

中国古城墙，是人类历史上无与伦比的古代建筑，其不仅建造历史久远、工程浩大、工艺技术高超，而且数量众多、类型丰富，是世界其他国家难以比拟的。南京明城墙，是中国筑城史上成熟时期的重要代表作，也是南京城市最具代表性的历史文化符号。

建于14世纪中叶的南京城墙，是明太祖朱元璋定都南京之后保卫京师的重要防御工程。所规划的城区周边，冈丘延绵，山水环绕。虽有龙盘虎踞之称的天然形胜，但对当时城垣建造者提出了很高的要求，反映在建筑思想、建筑材料、建筑技术、建筑工艺等诸多方面。其建筑结构及特点与南京地形、地貌有很大关系，是传统筑城技术的创新与南京城市特点完美结合的产物。

明代南京都城由宫城、皇城、京城和外郭四圈城墙组成（如今简称的“南京城墙”仅指第三圈的京城城墙，长度达 33.676 公里）。这座城垣，不循中国古代都城取方形或矩形的旧制，设计思想独特，建造工艺精湛，规模恢宏雄壮，为我国古代城市军事防御系统工程、城垣建造技术集大成之作。为建造这座城垣，朝廷前后至少耗时 28 年，动用各类筑城人员达百万余众，涉及长江中下游数省的广袤地区，具有强烈的时代地区特征。

南京明代城墙，在中国古代都城史上既具有继承又具有开创意义，它不仅是我国第一个在江南定都的统一王朝的首都象征，也是明清北京城规划与建造的蓝本。自明初南京建都征派长江中下游各地烧制城砖后，烧砖技术得到极大推广。在国力提升和经济发展的保障下，全国许多城市（尤其是北方）大量使用了砖包墙，其中包括明中晚期万里长城修筑的砖包墙。砖包墙的广泛使用促进了各地砖瓦烧制技术的发展和筑城工艺的知识传播。

南京城墙经历过岁月的洗礼、蒙受过战火的硝烟，甚至遭受过人们认识局限下的部分拆毁。值得庆幸的是，它迄今保存的长度约为原始城墙长度的三分之二以上，仍然是目前中国以及世界城市中最长的砖石构造的城墙。1988 年，南京城墙被列为全国重点文物保护单位。

近 30 年来，南京城墙具有人类文化遗产的价值得到全社会的普遍认同，在大规模抢险性维修后，南京城墙风光带已初见成效。南京城墙被列入中国申报“世界文化遗产”备选项目——“中国·明清城墙”组合项目之一，体现了南京城墙在当今社会文化生活中的地位与价值。南京城墙已然成为现代南京的一个城市文化符号，是南京地面体量最大的历史建筑物，引起了越来越多中外宾客的兴趣和关注。

走进南京，最便捷的路径便是走近城墙。

第一章
南京城墙的建造

公元1366年9月5日，朱元璋下令在南京建造宫阙、城池。从最早规划的25公里多（这仅仅是第三重城墙，外郭长度则达60公里）城墙的长度上可看出，显然已经超出了中国一般府县一级的城池（约10—15公里），而是达到、甚至超过了中国古代绝大部分都城的规模（约10—20公里）。因此，这座城池自建造开始就具有明显的政治倾向，并非单纯以军事防御为目的。这表明了朱元璋当时想做皇帝、一统天下的雄心和愿望。

南京城墙的建造，主要经历了前后两个阶段。

第一节　初建阶段

1366 年至 1372 年，是南京城墙早期阶段。工程主要有三项：拆除应天府旧城北面全段和东面近半的城墙；填燕雀湖建造新的宫城（第一重城墙）；按照“新城”规划补建城墙、建造城门和开挖护城河。早期阶段的新城墙体高约 10 米，厚约 5 米（有些地段更窄）。新建的城墙，采用了六朝的墓砖、旧砖（即所谓“小城砖”）、规格不一的无铭文城砖、块石及少量明初军砖等建材，其中尤以块石为主。

1372 年 1 月 5 日，南京三山门外的早期护城河疏浚工程接近尾声，朱元璋带领丞相汪广洋等一行人来到施工现场视察。朱元璋登上三山门的城楼，发现城下寒风中的护城河里有一位民夫光着身子在河边捞东西，感到非常奇怪，就派人前去打听那人在捞什么。听说是工头将他的锄头扔进河里，找不到了，朱元璋遂命人叫那人不用捞，赏一把新的给他。民夫却不答应，坚持要他自己的那把锄头。朱元璋只好让身体壮实的汉子下河帮助寻找，一会儿锄头捞了上来，确实是那民夫的。朱元璋十分恼怒，认为民夫（其实还有匠人、军夫、囚犯等多种成分的劳役者）长年在京城劳役，

狮子山段“墙中墙”细部

手脚开裂，辛苦万分，而工头竟忍心拿民夫开心取乐，难以宽恕。遂下令将工头逮捕，并当场处以“杖刑”（古代刑罚之一，用荆条或大竹板拷打犯人）。随后，他对汪广洋等随行人员说道：“今天，我们身穿裘皮大衣，身体还是感到寒冷。何况这些民夫因贫困而衣服单薄，这种苦楚不是一般人能体会到的。”朱元璋随即下令停止疏通三山门外护城河工程。同时，也下令将正在中都凤阳建城的民夫与工匠，全数遣返回乡。这是早期的情况，到了南京城墙的大规模建造时期，由于朝廷从制度上提供保障，朱元璋亲自上工地督工的情况也就随之减少了。自第二年起，南京和凤阳两地的城墙建造工程，又重新开始了。

第二节　大规模营建阶段

1372 年至 1396 年，是南京城墙建造的高潮阶段。工程主要有：（1）在宫城外补建皇城　（第二重城墙）的城墙。（2）建造外郭（第四重城墙），完成南京宫城、皇城、京城、外郭四重城墙的整体布局。（3）对京城城墙重新加高增厚，大量使用了各地烧造的专供城砖和巨型条石。（4）在城门内外增筑多种形制各异的瓮城。

南京午门北面

这个阶段，朱元璋在军事上统一了全国，政局日趋巩固，中央集权制得到确立，在此基础上，得以实现这项都城再建设工程。

1375 年 5 月 28 日，朱元璋亲自到老家凤阳（即中都城）进行实地考察后，回到南京。当天，朱元璋就下令把初显城池雏形的明中都营建工程停下来。据当时的文献记载：朱元璋原先想模仿中国古代传统都城营造制度——设置两座都城。但是，经过考察后，发现工程过于浩大，他不忍百姓们过于劳苦而下令停止中都城的建造。其实，真实的原因有许多，主要有两个：朝廷许多官员反对建造中都城，代表人物就是为南京城做规划的刘基。民间流传了许多关于刘基反对筑造中都城的故事，这里不再赘述。另一个重要原因是，在南京和中都城的营造中，两地先后均出现了工匠造反。造反的工匠虽被镇压，但是朱元璋感受到了民意中的怨气。

朱元璋放弃对凤阳中都城池的营建之后，调集比兴建应天府新城时期更大规模的人力、物力，重点营建南京城池。南京城墙的营建，用工量之多、耗资之巨、涉及范围之广、工程管理之严，为中国古代城市建设中之少见。

第三节 参建人员

在明初中央集权的统治下，朝廷采取了一些自上而下、行之有效的管理措施和办法，为确保工程质量和工程进度，起到了十分重要的作用。这些工程中的措施和办法，主要是通过督造城垣的各级官吏和农村基层组织具体落实，或者说是对“人”的管理。参与建造南京城墙的各类劳力不仅人数众多，而且身份复杂。从大类来分，大致包括了这样几种身份：官吏、军士、人夫、工匠、囚犯等。这几种不同身份的参建者，在参与建造南京城墙的人数比例上也不尽一致。

从目前初步统计来看，参与南京城墙建造的人数至少在百万人以上。这些参建人员来自全国各地。

官吏　在南京城墙营建中是个特殊的参建群体，参建人数至少有几千人。这个群体因受朝廷调派，参与了南京城池营建中的各项管理工作；同时，由于隶属中央集权统治者的身份属性，故与参建人员中以付出体力为特征的广大劳动者有本质上的区别。他们一方面要对赴南京参加建城的工匠、人夫进行管理，另一方面要负责城垣建造中质量、技术、建材调配和工程进度等工作。

凤阳中都宫城的午门

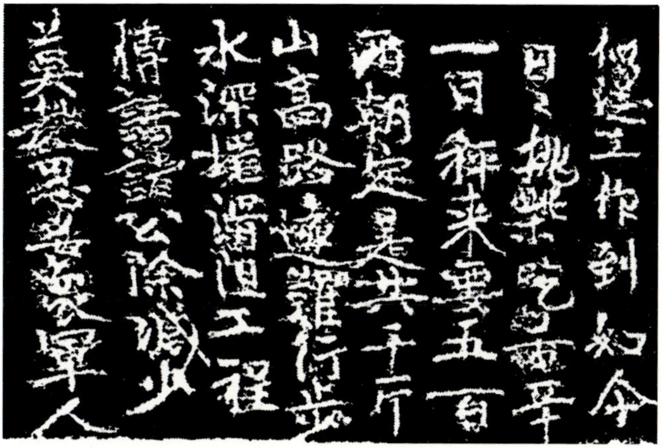

“军工辛苦”砖文

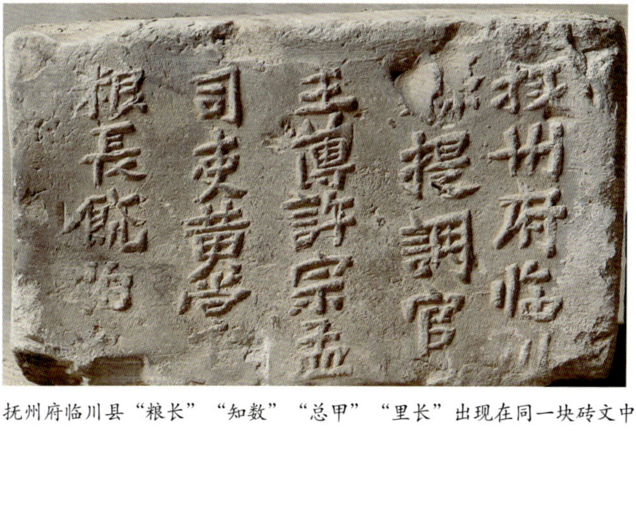

抚州府临川县“粮长”“知数”“总甲”“里长”出现在同一块砖文中

军士　也称军人、军夫、军匠，是参与南京城墙建造的主要劳力之一，参与建城的人数至少在 20 万人以上。在南京城墙初期和最后阶段，筑城工程几乎全部是由军士承担，称之“军役”。当时在南京的军士，实际上承担了三项任务：防御、种粮和筑城。其中，筑城军士所承担的劳役相当艰辛。军士在筑城的同时，还要担负运砖的任务。

人夫　又称均工夫、造砖人夫等，这是南京城墙建造工程中，又一重要劳力来源。自 1370 年到 1384 年，仅其中两次征派人夫数量就达 91 万人，从理论上推算在 700 万人以上。这个群体主要来自长江中下游的广袤乡村，除到南京参与建城劳役之外，还有为数众多的均工夫在当地服役，如在当地参与木材的采伐、城砖的烧造、建材的运输等各项工作。

工匠　或称匠户、作匠、烧砖人、烧砖人户等，是一个掌握各门技术的群体，相对其他建城人员来说比较复杂，人数超过万人。工匠在建城群体中人数不占多数，作用却相对突出。在一些需要技艺的岗位，如城楼、城门的拱券、水关涵闸、墙体防排水系统、砌筑技术、地基处理以及建材的采造（如烧窑、烧制

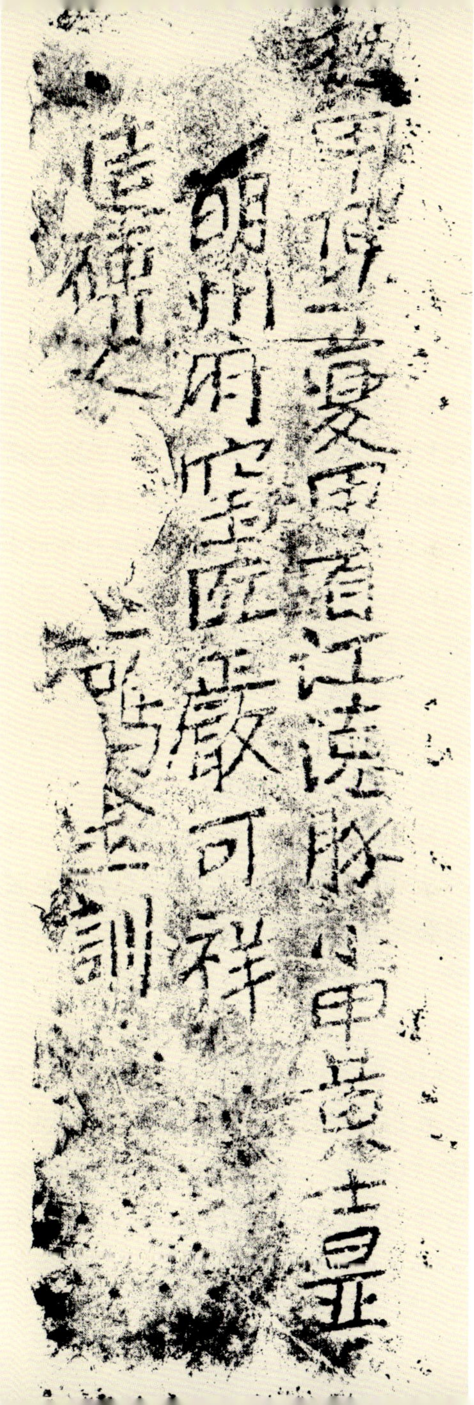

石灰）等方面，工匠发挥了重要的作用。

囚犯　又称囚人、罪人等，具体参建筑城人数不明。在所有参与建造南京城墙的人员中，不仅工作量更大，而且朝廷规定，犯流罪以上的罪行，都要戴着沉重的铁制连环镣铐参加筑城。可以想象，每天戴着镣铐参与筑城，所付出的体力何等惊人！筑城中的“囚人”死后，有关部门还要去死者的家中，将其父兄解押到南京，替补死者未满的役期。南京城墙的收尾工程，最后是“犯流罪者”担任的。

第四节　建筑材料及运输

南京城墙的建材使用量，是南京其他任何一座单体建筑所无法比拟的。除了宫城、皇城、京城及外郭的墙体（包括基础等），防排水设施，还有城门、闸门以及数十座高大壮丽的城楼。建造城墙的用材，大致有城砖、条石、片石、木材、石灰（包含其他黏合材料）、颜料等。这些用量巨大的建材来自全国各地。其涉及区域之广、数量之浩繁，都令人叹为观止。

城砖　又称官砖、官甓、贡砖、皇砖、城墙砖，每块城砖重约20公斤，是明初建造南京都城城垣工程中一项最大宗的建材，初步估算全城约耗城砖上亿块。每块城砖规格约为40厘米×20厘米×10厘米，如将单块城砖连接起来，足可绕地球赤道一圈。这些数量惊人、规格基本一致的城砖，产地不一，文献并没有详细的记载。只有通过城砖铭文的收集、整理，方可逐步获得其概况，因此南京城墙砖文多元的文化信息，文化遗产价值非常高。

木材　是南京城墙建造中的耗材之一，主要用于对城墙松软地段地基的加固、城门楼（有的还使用了珍贵的楠木）的建造等项目。采木之役，遍及四川、江西、湖南、湖北、浙江、山西、河北、云南等地。1384年，浙江行省湖州府凌说山场所产可用木材，仅一次征集就达29万根。经考古发掘，在长约15米的一段城基下部，所挖木桩达1700余根。木桩多数为水杉木，下端削成三角形尖头，上端均有明显被反复夯击的印痕。木桩长度有的为4.8米，一般长度为3—6米。

石料　在南京城墙建造中用量不少。自通济门至三山门段城墙几乎全部（除了宇墙、雉堞和顶面用砖外）用条石砌筑，还用于城墙部分地基以及其他地段的墙体勒脚、城门地面道路的铺设、部分城门的拱券（如聚宝门等）。1999年，笔者在对繁昌县境内数处被称

整治后的狮子山段城墙外侧环境

玄武湖段城墙基础之木桩

墙体断面呈白色的部分为黏合材料

洪武八年与永乐五年砍伐楠木摩崖石刻拓片

武定门北段城墙上的旗杆石

之为“明代采石场”遗址的调查中，亲眼所见其中被人工凿去的半座山断面，上面布满了600年前钢钎凿石的印痕，场面十分壮观，令人震撼。

黏合材料　又称夹浆、混合浆、黏合剂等，用于南京城墙城砖之间的黏合。对于黏合材料的成分，正史不载，野史无记，600年来人们只是凭借墙体上那色泽乳白、掐之坚硬、渗透砖隙间凝结体上气泡眼的感性认识，并加以南京人的丰富想象力，编造了“朱元璋用糯米汁筑城”的传说故事，并成了代代相传的口碑。南京城墙尽管迄今已经600年了，但城墙内部的黏合材料仍然是软的，没有完全固化。所以，明代南京城墙黏合材料是否掺入了糯米汁，仍然是个待解之谜。

运输　南京城墙砖以及其他建材，从对城砖产地分析的情况看，主要是通过水路运来南京。水上运输通道，是以长江中下游为主要通道，并以此辐射到相关的河道、湖泊。处于长江水系相关的各地，不仅要为南京城墙烧造城砖，提供各类建材，还要承担运输的任务。当年在运输城砖时，还实行了一种“砖票”的办法。当各地运送城砖的船只返回时，长江巡查的官员会进行检查，一旦发现没有砖票，即刻将其捉拿治罪。

第二章

南京城墙的价值与特点

南京城墙，不循古代都城取方形或矩形的旧制，设计思想独特、建造工艺精湛、规模恢宏雄壮，在钟灵毓秀的南京山水之间，蜿蜒盘桓达33.676公里，为我国古代军事防御设施、城垣建造技术集大成之作。

第一节　罕见的都城规划

有人形容南京明城墙是“人穷其谋、地尽其险、天造地设”，此言不虚。明代南京都城的宫城、皇城、京城和外郭四圈城墙组成的布局，是其例证之一。在城内，不仅有山、湖和河流，还有官宅、民居、军营、

南京城墙与前湖、琵琶湖俯视。

商业、祭祀场所，有皇宫等中央及地方的政府机构，以及大片的农田和国家的大型粮仓。

宫城　俗称“紫禁城”，为都城核心，偏于南京京城东隅，有御河环绕。1366年，受朱元璋之命，由精通堪舆术的刘基占卜后而定。该地原为“燕雀湖”，地势低洼，经清淤、打桩、挑土填湖、铺垫巨石等项措施，营造成南北长2.5公里、东西宽2公里，平面呈长方形，坐北朝南的宫城。宫城内建筑分为前朝（三大殿）和内廷（六宫）两部分。在宫城城垣上开筑城门，分为午门、左掖门、右掖门、东华门、西华门和玄武门。

皇城　是护卫宫城最近的一道城垣，环绕宫城但并非等距而建。皇城与宫城以及所囊括的建筑，合称为“皇宫”。皇宫在形制上，依照《礼记》设五门三殿的旧制，从外向内依次为洪武门、承天门、瑞门、午门、奉天门共五门；在这五门之后，设奉天殿、华盖殿、谨身殿三大正殿。六宫则依照《周礼》旧制，正殿之后设置乾清宫和坤宁宫，相对两宫正门设有“日精门”和“月华门”，以喻帝、后之居犹如天地日月长存。在皇城城垣上开筑的城门有洪武门、长安左门、长安右门、东安门、西安门、北安门。

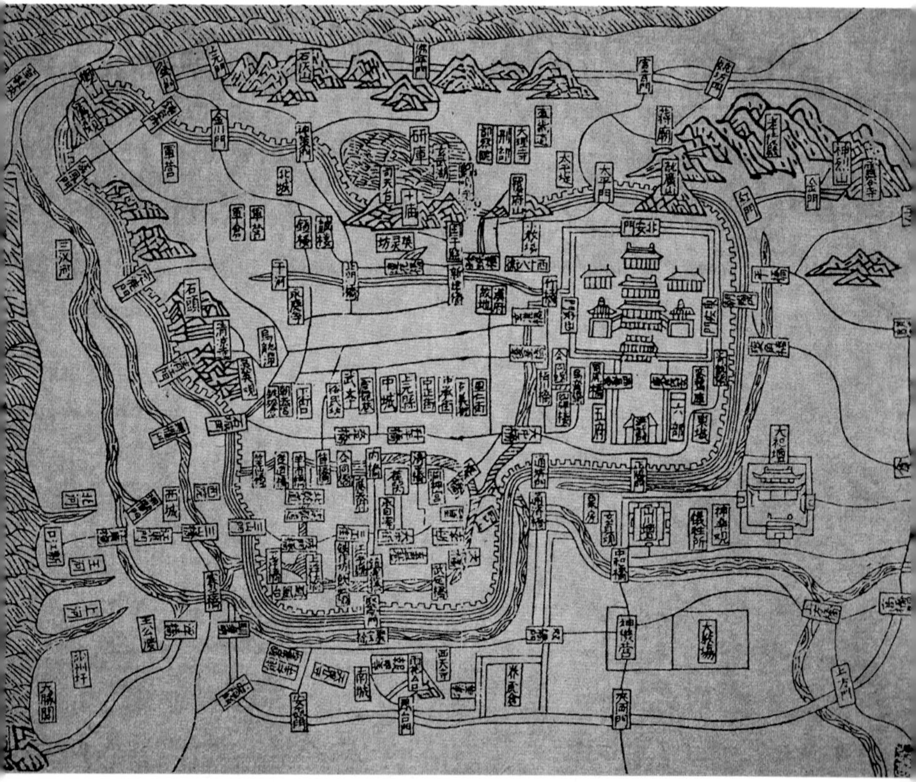

金陵古今图考·明朝都城图

南京午门南面

南京明故宫内俗称的“马娘娘梳妆台”

明故宫地段相继发现的大量木桩和夯层地基

今日午门

刘基像

京城　全长33.676公里，建有垛口13616个、窝铺200座，开筑城门13座。其城垣形制独特，为明初朱元璋、刘基等人所独创。它一反《周礼·考工记》和中国古代都城自汉唐以来取方形或长方形的旧制，使京城城墙的形制成为后人所乐道的特例。因此，民间说南京城墙是“宝葫芦”形、“朱元璋脸”形；有专家称南京城墙是“非方、非圆的不规则的多角不等边的粽子”形、“呈宫扇”形等。1999年，笔者根据中国都城营造传统制度，以及南京城墙具体的布局提出：南京城墙是依照天上“南斗星”与“北斗星”的星宿形状聚合而建，设计者是朱元璋的谋臣、著名风水家刘基等人。在被人格化的“南斗”斗勺内，设市为民居；在“北斗” 斗勺内，设宫为皇帝住所，既符合当时的经济条件和民心的向背，保护了元末明初南京城最繁华的区域，更重要的是道家隐喻在南京城墙建筑语言中的设计思想，满足了朱元璋秉承的封建帝王皇权“至高无上”“永为人主”的欲望，体现了设计者“天人合一”与“皇权神授”的思想。

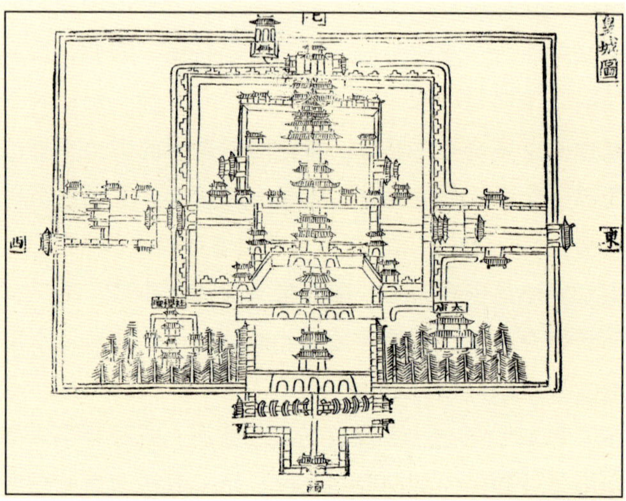

洪武京城图志·皇城图

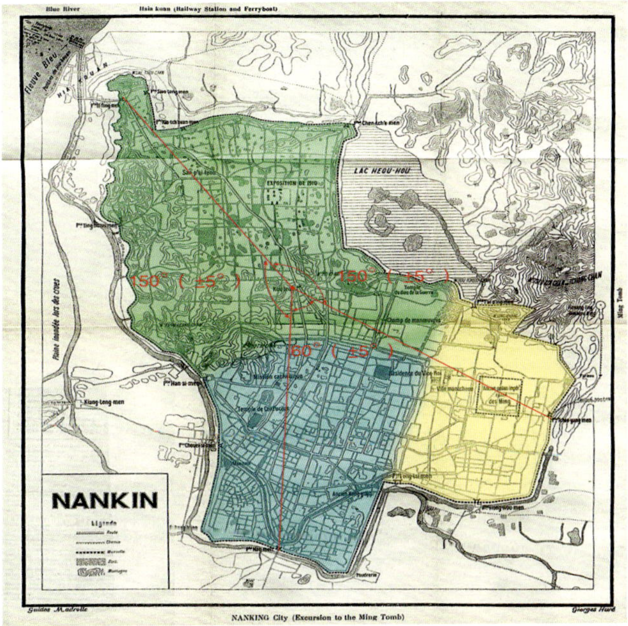
Blue River
Hsia kuan (Railway Station and Ferryboat)
Fleuve Bleu
LAC HEOU-HOU
EXPOSITION DE 1910
150° (±5°)
150° (±5°)
160° (±5°)
Champ de manoeuvre
Mission catholique
Temple de Confucius
Ville mandchoue
Kiang-tong men
NANKIN
Ligende
Route
Chemin
Muraille
Eau
Montagne
Poudrerie
Ming Tomb
Guides Madrolle
Georges Huré
NANKING City (Excursion to the Ming Tomb)

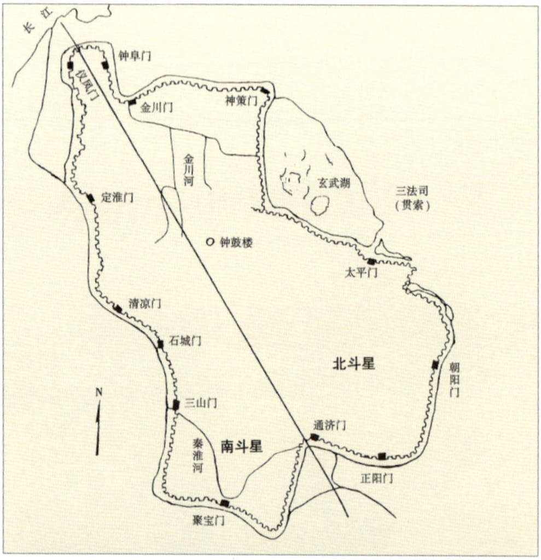
长江
钟阜门
仪凤门
金川门
神策门
金川河
玄武湖
三法司
（贯索）
定淮门
钟鼓楼
太平门
清凉门
石城门
北斗星
朝阳门
N
三山门
通济门
秦淮河
南斗星
正阳门
聚宝门

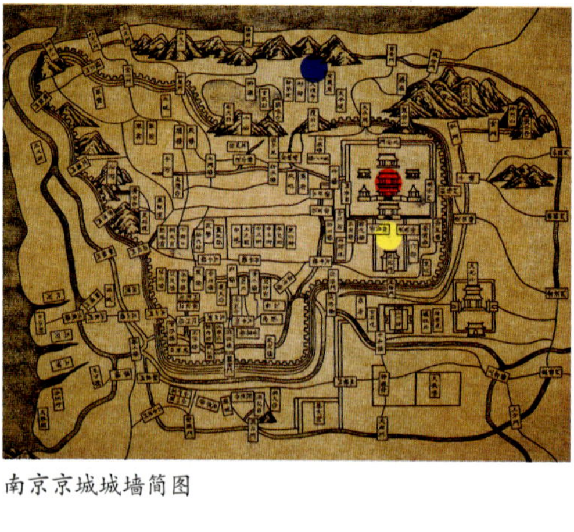

南京京城城墙简图

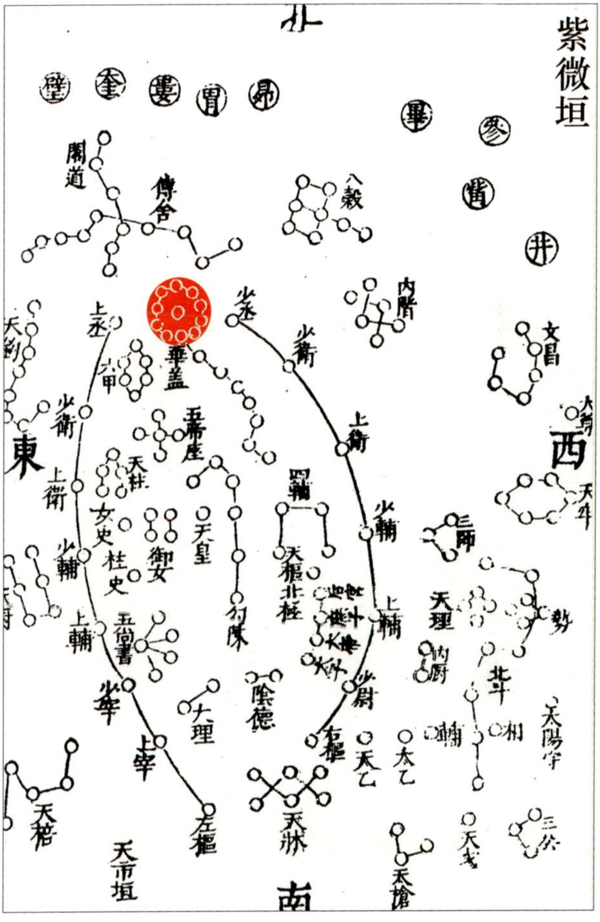
北
紫微垣
壁
奎
婁
胃
昴
畢
參
觜
井
閣道
傳舍
八穀
內階
文昌
華蓋
上丞
少丞
少衛
上衛
東
西
天牢
三師
勢
天理
內廚
北斗
太陽守
六甲
五帝座
天柱
女史
柱史
御女
天皇
四輔
天樞北極
五尚書
陰德
大理
上輔
少輔
少宰
上宰
左樞
右樞
天乙
太乙
天床
天棓
天市垣
天戈
三公
天槍
南

北斗星位置示意图

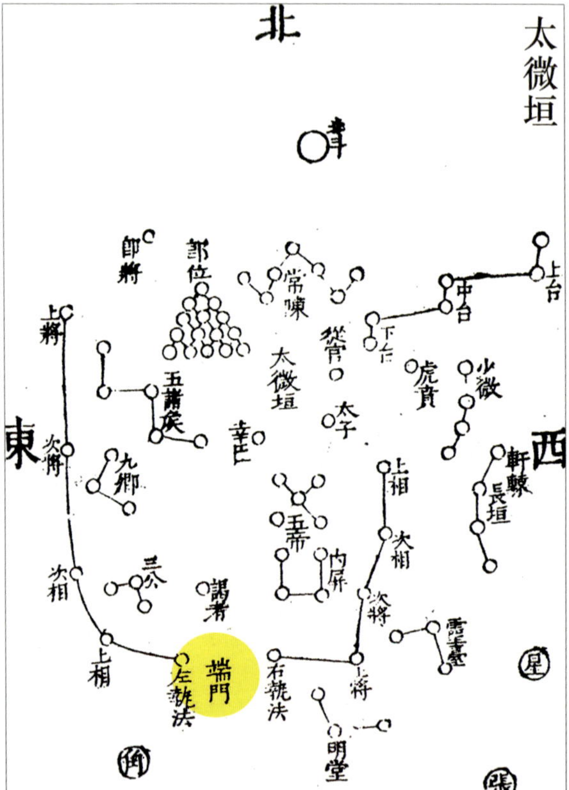
北
太微垣
東
西
南
郎位
郎將
常陳
上台
中台
下台
上將
五諸侯
從官
太微垣
虎賁
少微
太子
幸臣
次將
九卿
上相
次相
軒轅
長垣
五帝
內屏
三公
謁者
次將
靈臺
上相
端門
左執法
右執法
上將
明堂
星
角
張
軫
翼

北斗星位置示意图

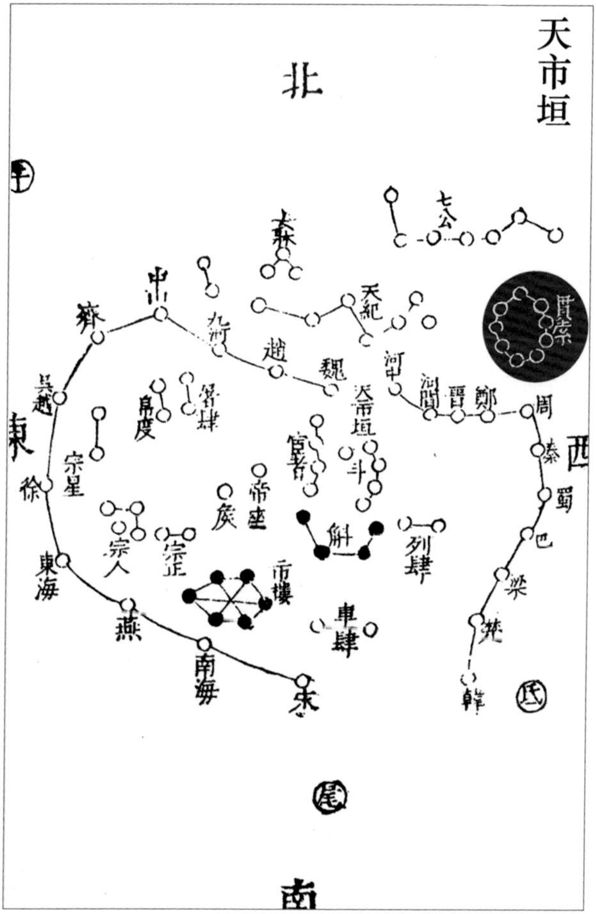
天市垣
北
七公
中山
天紀
貫索
趙
魏
河中
晉
鄭
周
東
西
秦
蜀
巴
梁
楚
韓
吳越
徐
宗星
帛度
宦者
斗
帝座
宗人
市樓
列肆
車肆
東海
燕
南海
氐
尾
南

北斗星位置示意图

外郭　为弥补和加强南京京城的防卫，朱元璋于洪武二十三年（1390）下令建造外郭，将雨花台一线山丘、钟山、孝陵、幕府山等制高点，和诸多河道、玄武湖等湖泊全部囊括郭中，全长达90公里。开筑城门16座（后增建2座，计18座）。城垣本体以丘陵、垒土为主，只在城门等一些防守的薄弱地段加筑城砖，所以俗称“土城头”。就方位而言，外郭的形状为菱形。最北的城门为观音门，最东的城门为麒麟门，最南的城门为夹岗门，西边的外郭城垣未合围，留下的南北豁口分别延伸至长江边。

南京明代的四重城墙，其营建思想既有创新又有继承，在中国都城建造史上显得标新立异，独具魅力。在中国古代城市规划中，南京明城墙的规划，堪称具有划时代的意义，并为南京城市未来的发展保留了相当宽阔的城市空间。直至20世纪80年代以前，南京城市的发展，基本没有脱离这座城墙提供的城市空间。

观音门券

佛宁门城墙遗址

观音门

第二节　京城的城门

城门，是连接城市内外的交通要道和观瞻之所在，也是古代城垣攻防战中的焦点。为此，朱元璋等人在南京京城城门营建中，煞费苦心地数次对城门进行修葺、增筑改制，以利于壮势和观瞻。

京城开筑城门 13 座，每座城门配设数量不一的闸门。各城门分述如下：

正阳门　清末民国初年民间曾误称为洪武门。位于南京城南，与皇城正南的洪武门呈同一条中轴线，坐北朝南。城门设内瓮城 2 座、外瓮城 1 座，均为长方形，有主城门与内外瓮城城门四道；内瓮城城门与京城的城门呈直线而设，外瓮城城门开于瓮城东侧墙体，皆为拱券城砖砌筑，无条石。这座城门，在当时是朝廷举行正式仪式（包括祭祀、迎宾送客等）的必经之门，因此又俗称“国门”。1928 年夏，国民政府改名为光华门。

通济门　位于南京城南，坐北朝南。城门内向西南，为商市区；向东北，为皇宫区。内瓮城呈船形，设有瓮洞若干，门垣共四道。3 座内瓮城城门与主城门呈南北直线而设，皆为拱券砌筑。城门上建有闸楼和城楼，

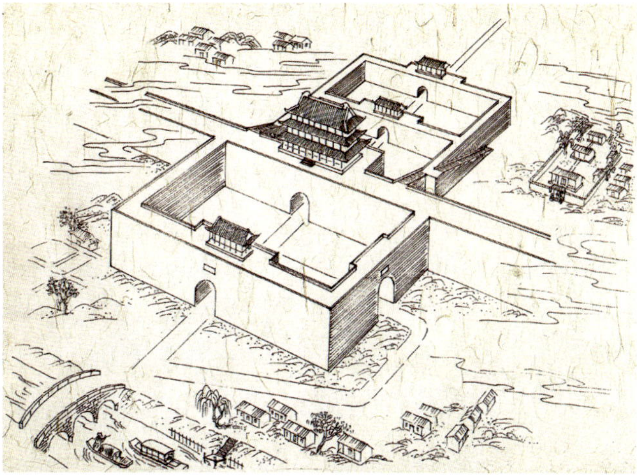

正阳门复合型瓮城复原示意图

通济门及内瓮城鸟瞰图

中华门俯瞰

内瓮城上建有闸楼。通济门为京城 13 座城门中占地面积最大的一座城门。

聚宝门　旧南门，洪武（1368—1398）初年，曾沿用过旧有的城门。1386 年，在原南门的旧址上重新建造，因门外有聚宝山（今雨花台），遂定名聚宝门，位于南京城南（现存城门及瓮城的基座，城楼已毁），坐北朝南。在南京京城 13 座城门中，聚宝门气势最为恢宏，南京民间传说涉及这座城门的故事最多。由于城门券道狭小，且有四道城门，百姓挑柴担米或有牲畜入城时，常常纷扰不堪，难以通过三座内瓮城，故被市民称为“站圈”。1928 年夏，国民政府改名为中华门。

三山门　为南唐都城至宋元金陵城的“龙光门”，也称作水西门、下水门，位于南京城西，坐东向西。洪武初年，直接利用这座旧有的城门。1386 年重新建造城门，主城门与内瓮城的 3 座城门呈东西直线而设，皆为拱券砌筑。城下南侧建有水关一座（即西水关）。该门形状与通济门内瓮城相似，规模、气势均逊于聚宝门、通济门，但超过其他诸门。

石城门　今汉西门（亦称旱西门），位于南京城西（现保存于汉中门市民广场，城楼已毁），坐东向西。

三山门及城外护城河

《康熙南巡图》中的旱西门

南唐时称大西门，宋元沿袭。朱元璋下令改建西门后，因城门可遥望石头城，遂定名石城门。城门顶部的城台长 37 米、宽 32 米（含雉堞厚度）。城门设内瓮城 2 座，主城门与瓮城城门呈直线东西而设，均为拱券砌筑。1385 年改筑的聚宝门、三山门、石城门等城门中，数这座城门规模最小、名称变化最多。

清凉门　位于南京城西（现存城门基座，城楼已毁），坐东向西，曾名清江门。1575 年之前，城门名仍用旧称——清凉门。设有城楼 1 座、城券 1 座；门设两重 4 扇，外有锁钥 1 副（南京民谣“里十三外十八，一道门闩朝外插”，即指此门）。

定淮门　位于南京城西，坐东向西，建造于洪武初年，由于临近城内的马鞍山，故名马鞍门，城门外有龙江宝船厂。1374 年，改为定淮门，并派兵把守。城门拱券高 8 米、宽 6 米、深 25 米。城门外侧为一层石质拱券，其上为城砖拱券。1862 年之前，出于城防需要，将这座城门堵塞。

仪凤门　位于南京城北狮子山与绣球山之间，坐东向西，建于洪武初年。昔日卢龙山（即狮子山）南麓山下，濒临长江，与钟阜门在不足 1 公里的地段项

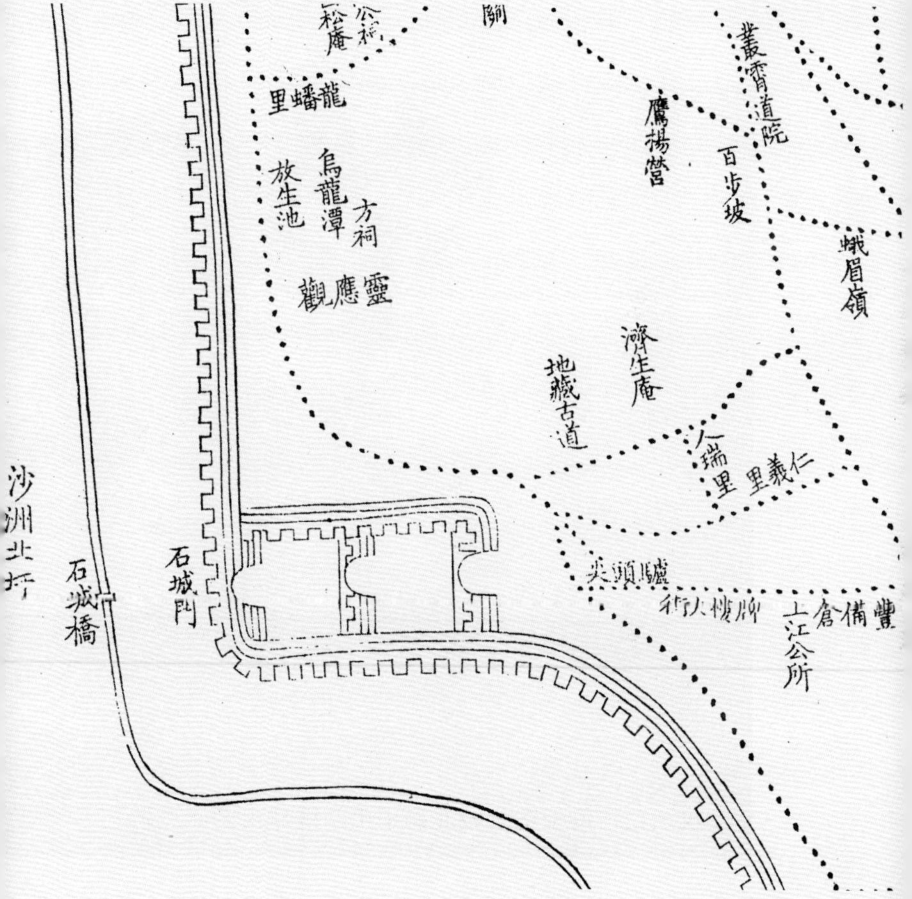

《同治上江两县志》中南京城墙与石城门内瓮城关系图

清凉门

定淮门

背而建。1465 年以前，出于城防需要，与钟阜门一道被堵塞。1659 年后，又重开仪凤门。1928 年夏，国民政府改名为兴中门。

钟阜门 位于南京城北，坐西向东，与仪凤门项背而建。洪武初年称“东门”，1378 年，改“东门”为钟阜门，因遥对钟山（亦称“钟阜山”）而得名。1465 年后，该城门长期被堵塞。

金川门 位于南京城北，坐南向北。因金川河由此出城，故名。1402 年，燕王朱棣（即永乐皇帝）经龙潭进攻南京，朱元璋第 18 个儿子谷庶人和李景隆等人打开金川门，迎燕王军队进入城内。之后，朱棣委派朱元璋第 16 个女儿宝庆公主的丈夫赵辉，充任金川门的“千户守”。

神策门 位于南京城北，坐南朝北（保存较好）。1461 年，重建神策门的城楼。1658 年，郑成功北伐金陵败绩于神策门下，清廷遂改其名为“得胜门”，后仍称“神策门”。1892 年，因城楼毁损严重，维修资金不足，地方官吏仿淮安府城楼重建，缩小了原先的规模。1928 年夏，国民政府改名为和平门。

定淮门远眺

神策门

太平门 位于南京城北，坐南向北。该门位于南京钟山的西南麓，是扼守钟山通向城内最便捷的通道，为兵家必争之地。因城门外为刑部等国家的执法机构所在，故名“太平”。

朝阳门 今中山门门址所在，位于南京城东，城门坐西向东，因内傍皇宫且朝东，故称“朝阳”。明代每年神宫监向朱元璋及皇室人员进贡的嫩姜、时鲜水果、香脂等，均从此门进入。1865 年，出于城防需要，在朝阳门外建造瓮城。瓮城呈半椭圆形，与朝阳门的城门偏北斜设，城门皆为拱券砌筑。1928 年夏，国民政府改名为中山门。

坚固而形制各异的城门，是南京城墙绚丽多彩的一章，也是当年建造者设计思想的生动体现。城门的设计与建造，在充分满足城门防御能力的前提下，极力创造城门建造艺术上新的形式，以便与恢宏雄伟、形制独特的南京城垣主体协调，达到浑然一体、相映成趣的效果。

朝阳门

第三节　砖文及制砖工艺

明代南京城墙砖文，是中国现存规模最大的一组砖文群，在中国古代砖文史上占有重要的一席之地。

砖文　南京明城墙，据初步估算，共耗费了数亿块城砖。城砖一般长 40 — 45 厘米、宽 20 厘米、厚 10 — 12 厘米。由于城砖来自各地，故城砖材质的土性也呈多样性（有黏土、沙土、高岭土等等）。大多数城砖留有铭文，少则 1 字（或一个符号、记号），多则 70 余字。这不仅是南京明城墙的一大特点，也是南京明城墙历史文化遗产价值的重要组成部分。

南京明城墙所用如此巨量的城砖，究竟依靠哪些区域烧制单位提供？由于史料记载的匮乏不详，近几十年来经文物工作者或有心人对城砖铭文孜孜不倦的考证、补定，才有了一份目前尚未完全统计精确的资料：南京明城墙所用城砖，分别来自长江中下游的广袤地区，其中包括今江苏、江西、安徽、湖南、湖北五省的府、州、县，以及军队卫、所和工部营缮司等近 200 个县级以上单位承造，其中包括组织人力制坯、烧造和运输。

为了确保建造南京京师城墙的城砖烧造质量，朝廷要求各地府、州、县地方官员，军队卫、所的士卒，

城砖上的砖文

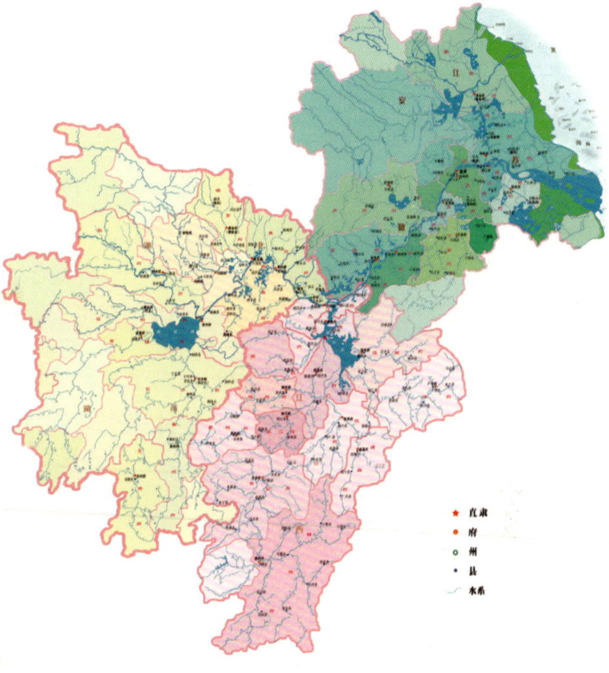

南京明城墙砖产地分布示意图

以及县以下里、甲的基层组织负责人（总甲、甲首、小甲），直至造砖人夫、烧砖窑匠均需在砖上留下姓名，以便验收时对不合格的城砖追究制砖人的责任，甚至杀头。这种严酷的“责任制”，保证了南京明城墙建造过程中的高质量。

南京城砖铭文的书写者，大体可分“书斋式”与“民间式”两类。前者属官府内的官吏文人、乡间的秀才，也许只要没有写错，就不会有杀头之虑的缘故，其字体流畅工整，点、撇、钩、捺极具文人气息；后者属于粗通文墨，或甚至没用笔写过字的工匠，当砖坯出模后，只是捡了身边的一根小树枝，在砖的一侧小心翼翼留下所在县、甲以及自己的名字，稚拙的字体透出几许村野之气。城砖铭文的字体，篆、隶、魏、楷、行各体皆备，蕴含着淡淡的金石味。其中有一种书体最具神韵，在中国书法字典上，也难找到它的归属，却一笔一画、不扭不颤，那是来自民间的书法艺术。所有的铭文折射出的谨慎与虔诚，强烈而鲜明。从铭文技法上，又可分为模印、章印、刻画三种形式。其中，铭文的双线模印由于字体的笔画较细，故对制砖泥土的质量有较高的要求。

南京明城墙的城砖铭文，为后人留下了极其丰富

“书斋式”砖文

“民间式”砖文

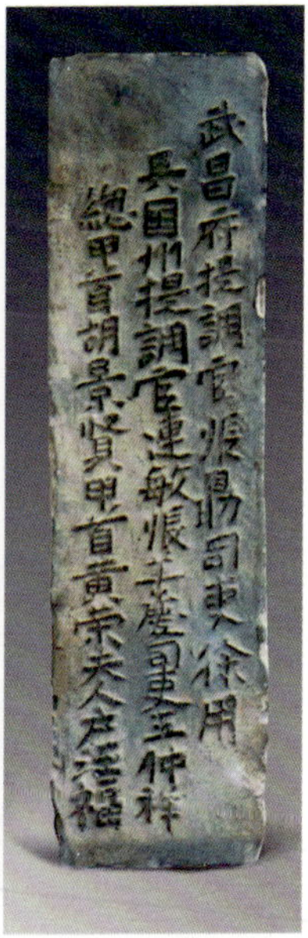

“模印技法”砖文

砖文中篆体书法

“章印”技法

的文化信息和十分珍贵的历史资料，有些填补了史料的不足，为我们进一步研究以下方面提供了翔实的第一手资料：南京城砖产地的分布；中国汉字在明初的简化字与异体字；中国民间的书法、篆刻艺术；中国姓氏文化在明初的演变以及明初实行的责任制等。通过对城砖铭文的研究，还能发现不少明以前烧制的城砖和一定数量的明以后为修葺城墙而烧制的清代城砖，为我们认识南京城垣的发展和变迁，提供了实物佐证。

以南京天地为展厅，与南京山水城林融为一体的南京明城砖铭文，使元末明初的多元文化信息，从历史走向未来，这是何等的博大气派！

烧制工艺　南京城砖的质量，与明初制砖工艺技术有很大的关系。南京城墙所用城砖产地，大致包括了长江中下游的广袤地区，即今天的江苏、安徽、江西、湖北、湖南5个省，而明初窑匠的数量最多不足10万人。在如此广袤地区并有百万民众参与设窑造砖和烧制，城砖的质量如何落实标准化，确实并非易事。这是长期以来被人们忽略的一个问题，也是当时文献没有记载的一个缺憾。

从20世纪90年代开始，南京市明城垣史博物馆

湖南省岳阳明代城砖窑址考古工地现场

安徽省繁昌县明代城砖窑址

着力开展了南京明城墙砖窑址的野外调查活动。在对安徽省繁昌县、湖北省武汉市江夏区、江西省抚州市临川区、江西省宜春市、江苏省南京市栖霞区、湖南省岳阳市等地的10余次调查中，发现了一些带有规律性的特征：窑址体量不大，临近通往长江河道的坡岸，窑壁利用坡体开挖，窑内设有三条向上的等距烟道，窑址或附近可以找到带有南京城墙砖文的城砖，当地流传有关南京城墙和朱元璋等故事甚多。

2007年，笔者先后对江西宜春市所属万载县和袁州区彬江镇以及新余市所属分宜县分宜镇等地进行了实地考察，在彬江镇及分宜镇两地首次发现了较大规模的明代砖窑遗址群，其长度沿袁河两岸连绵约5公里。此次野外调查，不仅获取了大量的实物和地方口碑资料，所发现的砖窑群数量之集中、保存状况相对之完好、砖窑群规模之大，是南京城墙砖窑调查中成果最大的一次野外实地勘察。同时，明朝著名科学家宋应星以及他的《天工开物》，也进入了我们的研究课题。

宋应星，生于1587年，江西奉新县北乡（今宋埠乡）人。1631年，宋应星5次进京会试失败后，终于下决心放弃科举，转向实学，钻研与国计民生有切实关系的科学技术，这成了他一生中的重要转折。1635年，宋应星到分宜县任县学教谕（相当于不坐班的教师）。在分宜县任教的4年中，他利用业余时间开始写书。由于他曾在会试途中行程数万里，做了广泛的社会调查，因此对南北各地的农业和手工业生产有了深入的了解，收集了丰富的资料。这是宋应星一生中的最重要阶段，他的主要著作之一《天工开物》就是在此期间撰写的。《天工开物》不仅翔实记载了制砖和烧造的工艺，还绘制了相应的工艺图，这对揭示明初制砖工艺技术具有极其重要的参考价值。《天工开物》所记载的制砖主要工艺，与笔者近年的现场调查完全吻合。

城砖的泥土砖料，由于来自长江水系相关的府、州、县广袤地区，取土的质地不可能一样，呈现出南京城砖质地的多重特性。大致有黏土、沙黏土、沙土和高岭土等多种土质，绝大多数城砖质地非常坚硬。

少数沙土质地的砖坯中，含沙颗粒较大；有的在烧制中，由于转釉（烧造过程的一种技术）火候掌握得不是太好，城砖剖面砖芯出现原生土的色泽，没有转成青灰色；少数城砖由于砖坯没有风干或有过火现象，砖体出现弯曲或有裂纹（缝隙）。

《天工开物》所绘制的制砖及烧砖工艺示意图

《天工开物》所绘制的制砖及烧砖工艺示意图

高岭土与黄黏土烧制的城砖

第四节　护城河、墙体及附属建筑

南京城墙针对不同地段的地理条件和地形，四重城墙均设有护城河，大型水关两座，大小不等的涵闸数十座，还对城墙结构采取了多种不同形制。

护城河　南京四重城墙的护城河，是南京明城墙的一个重要组成部分。护城河的水源，来自秦淮河、清溪、金川河以及玄武湖、前湖和琵琶湖自然水系，经对城垣外侧河道的疏浚、人工的开挖，引导河水入濠而成。其中唯有京城太平门向东一段城墙外侧，因地处所谓“龙脉”之要害，怕开挖护城河而切断“龙脉”，所以没有开筑护城河。宽阔的护城河水面，衬映高大坚固的南京城墙，使进犯之敌望而生畏。

水关涵闸　南京城墙设置的水关涵闸等水利设施，是针对南京地区雨水丰沛、水系复杂而特别设计的，是南京城墙构造特点之一，反映了明初精湛的筑城工艺和周密的平战结合的城市水利运用思想。

为解决南京城内水系的进出水与城垣之间的矛盾，保障城内居民用水和控制城内河道的水位，避免涝时灾、旱时涸而设水关、涵闸。在一些地段根据水量的大小，分别设置水关和涵洞，内设涵闸。涵闸，明代

龙脖子段城墙

东水关今昔

武庙闸

铜水闸

称为“铜宝”，因所用材质为铜铸，故名。南京四重城垣均设置大小不等的水关（可通船并可调节水量）、涵闸（不可通船，但可调节水量）、涵洞（既不通船，也不可调节水量，一般置于通水量较小的地方）。现保存较好的有东水关和武庙闸等。

墙体　南京地处雨水丰沛的江南，丘冈连绵，河湾如织，湖泊池塘星罗棋布。城墙择址的地段或山石嶙峋，或低洼松软，或平坦如砥。为防止高大的城墙下陷、开裂、倾倒，建造者根据工程的要求，采取了不同的科学处理方式。有的顺山势而建，城垣与山体岩石连接成整体；有的深挖基础至原生土，上铺巨石为基；挖不到原生土的低洼地段，还打下10余米长的木桩，上面铺设圆木“井”字形木排，借以达到转移城墙压力的作用。用于南京城墙最大的条石，每块重达千余斤；城砖每块一般重20千克，层层叠叠垒砌成高达12—24米、底宽8—27米、顶宽3—18米的墙体，其重量非常惊人。正如清代一位学者所说：看过中国许多地方的城墙，都没有见过南京如此坚固的城墙。

就连16世纪中叶先后3次抵达南京的意大利传教士利玛窦也称：“这座城市，超过了世上所有其他的城市。”

石头城上的“鬼脸照镜子”

雪后的城墙

中华门内瓮城及藏兵洞

内瓮城　中国自秦汉以后，瓮城形制逐渐成熟，一般设置在主城门外，是城门的重要附属建筑。瓮城，古称月城、曲城，多数为半圆形，少数呈矩形、方形等。在南京京城的13座城门中，有的没有建造瓮城，有的按传统建造外瓮城，有的创造性地将瓮城设置在城门内（称为"内瓮城"）。而南京的正阳门不仅设有外瓮城1座，还建有内瓮城2座（称为"复合型瓮城"）。内瓮城的形制，为明初南京城墙首创。由于内瓮城设置在城门的里边，就有条件设置瓮洞（即藏兵洞），将城门守御这一明显的薄弱部位，变成防御作战中的强点，这是外瓮城无法做到的。

其他附属建筑　城垣墙顶外侧设有垛口，用于守城作战、瞭望的掩体。明代南京城墙上的垛口，共有13616座。墙顶内侧筑有矮墙，不设垛口，墙高约1米，称之为"女墙"，亦称"宇墙"。根据这个特点，站在城墙上就可以分辨出哪里是"城内"，哪里是"城外"了。南京城墙上还设有城铺（又称"窝铺"）200座，供军事防守之用，为守城士兵避风遮雨、夜晚值班放哨、放置守城器械的临时住所。

城门外护城河上的桥梁，是人流车马往来的要道

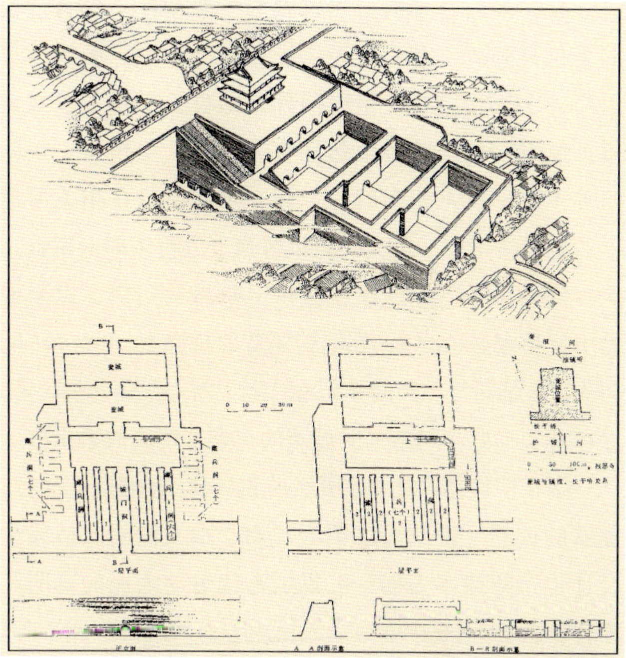

中华门内瓮城详图

口，故大多以坚硬的石质材料为主要构件（没有传统的吊桥样式），有石城桥（石城门外）、三山桥（三山门外）、聚宝桥（聚宝门外，即古长干桥）、九龙桥（通济门外，该桥依然保存完好）、夔角桥（正阳门外）、平桥（朝阳门外）等。明初建造在相关河道上的著名桥梁中，最大的石拱桥是上方桥（即七桥瓮，保存完好），由于这座桥是拱卫京城的门户，以至成为历代兵家必争之地。在明初建造的桥梁中，赛虹桥（明初称“大通桥”，民间又俗称“赛工桥”“赛公桥”等，保存基本完好）与南京明城墙的建造，传说故事最多。

南京明城墙的建造，历经洪武一朝。在城墙的结构、瓮城的创新、护城河水源的利用、水关涵闸及桥梁的设计建造等诸多方面，汇集了古代劳动人民的聪明和才智，是 14 世纪中叶劳动人民用心血筑成的一座丰碑。

赛公桥

中华门段城墙

第三章
城墙影响与故事

明都南京城自建成以后，中外人士均有极高的评价，在南京市民中也流传着许多关于城墙的故事，反映了南京城墙文化向外辐射的张力。这种文化张力反映在许多方面，有政治制度方面的，也有市井民俗方面的。有的存在于城墙本身，也有的是后人的拓展。这是南京城墙的魅力所在，也是中国城墙文化深厚根基的一种体现。

第一节　南京城墙的影响

明代南京城墙所产生的影响，表现是多方面的。

从都城制度上，开始曾影响过明中都（即今安徽省凤阳县），后来又对北京城产生了直接的影响。明初先后有 4 座城池被确定为都城的所在，即南京、大梁（今开封市）、临濠（即凤阳）、北京。其中南京建都最早，并且已经初具规模；开封因当地交通不便，百姓生活困苦，从而放弃建都；凤阳营建了不到 6 年的时间就被废弃了；北京城直到朱元璋儿子朱棣当了皇帝后，才按明都城规制建造。因此，朱元璋初步建成以城墙为界址的都城格局，对临濠和北京的营建具有一定的影响。

明代南京四圈城墙中，皇城与宫城在布局上是总结了前代的经验，作了划时代的改变，也直接影响了北京城。1553 年，北京增建外郭，起因也是为了遵行和模仿南京城四重城墙的“祖制”，本想把内城四面合围起来，但是由于当时的财力不足，仅建了内城以南的一部分。

北京 2005 年复建的永定门，就是这座外郭的正南门。

从城墙墙体构造上，明代南京城墙不仅对明清全国（特别是北方）城墙在采用城砖砌筑上有很大的影响，就连明代修葺的万里长城也采用了城砖替代土筑城垣的旧规。明代的北京城初建于1368年，墙外侧包砌砖石。由于北京城墙内侧为夯土墙，遇雨容易坍塌，直到1445年，才下令用城砖砌筑内侧墙体，这样北京城墙的内外两面也同南京城墙一样了。

南京城墙的营建，开创了明代大规模筑造城垣的先河。全国范围的其他很多城垣，或改建、扩建，或新建，形成了中国古代筑城史上的又一个高潮。为何能形成如此大的影响？有两个重要的因素：其一，我国火兵器的发展已经日趋成熟，城市赖以抵御进攻的设施——城墙，必须要适应这种变化；其二，建造城墙的主要建材以及建造技术等方面，由于明初建造的南京城墙，提高并推广了各地造砖业的水平和修筑城垣技术的广泛传播。

明代这种大规模采用城砖砌筑城垣的做法，极大地刺激了我国古代自秦以来实心砖的烧制技术。1386年，朱元璋委派汤和前往设防筑城59座，而筑城技术则受南京城墙营造的影响很大。因此，百姓有怨言。汤和称：“实现理想者就不怕身边人抱怨，成大事者不必谨小慎微。如果再有反对者，吃我的剑（意思是杀头）。”结果，后来这些地区常遭海盗侵扰，但这59座坚固的

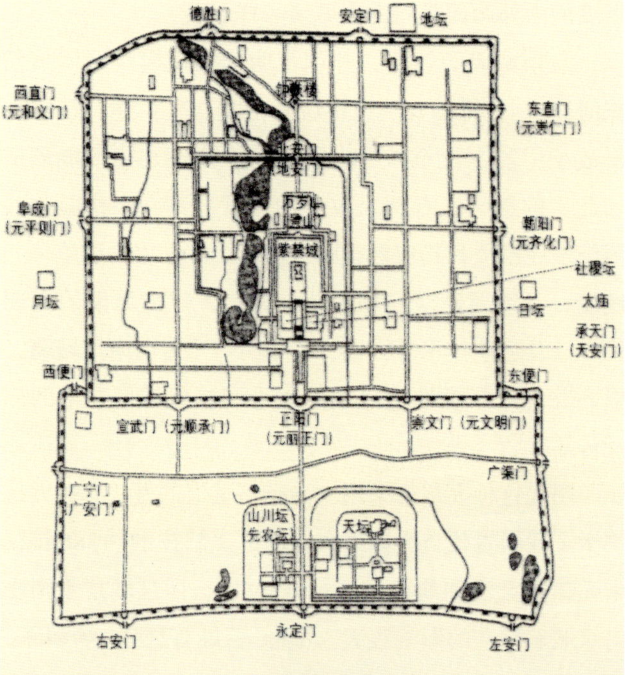
德胜门
安定门
地坛
西直门
（元和义门）
东直门
（元崇仁门）
阜成门
（元平则门）
朝阳门
（元齐化门）
紫禁城
社稷坛
月坛
日坛
太庙
承天门
（天安门）
西便门
东便门
宣武门（元顺承门）
正阳门
（元丽正门）
崇文门（元文明门）
广渠门
广宁门
广安门
山川坛
（先农坛）
天坛
右安门
永定门
左安门

明清北京城图

北京城墙的砖墙

西安城墙的砖墙

城池发挥了重要作用，当地人为此非常感激当年汤和的筑城之功。1371 年，西安城的建造，也是在原先的土城基础上，仿照南京城墙开始烧造大城砖砌筑城墙的外壁。这类情况在全国许多城池中多有效仿。因此，明初为南京城墙所烧制的城砖技术，表明我国古代烧砖技术达到了很高水平；但是也给全国的百姓增加了沉重的负担。

南京明城墙对城市的发展也产生了重大影响。1927 年，国民政府定都南京后，由美国著名城市规划师墨菲主持编纂的《首都计划》中，南京城墙也受到高度重视。南京周边风景极佳，周围建有城墙。虽然由于火炮的发展，使城墙失去了防御功能，但可以将其利用为环城大道，最为适宜。他提出开筑两条城区林荫大道，其一沿秦淮河而筑；其二沿城墙内边而建筑，为环城大道的支线。而当时南京城内新开辟的主要干道（如中山大道等），均与南京城墙和城门有着密切的关系，诸如新建或改建的中山门、挹江门均由单孔门券改为三孔门券。

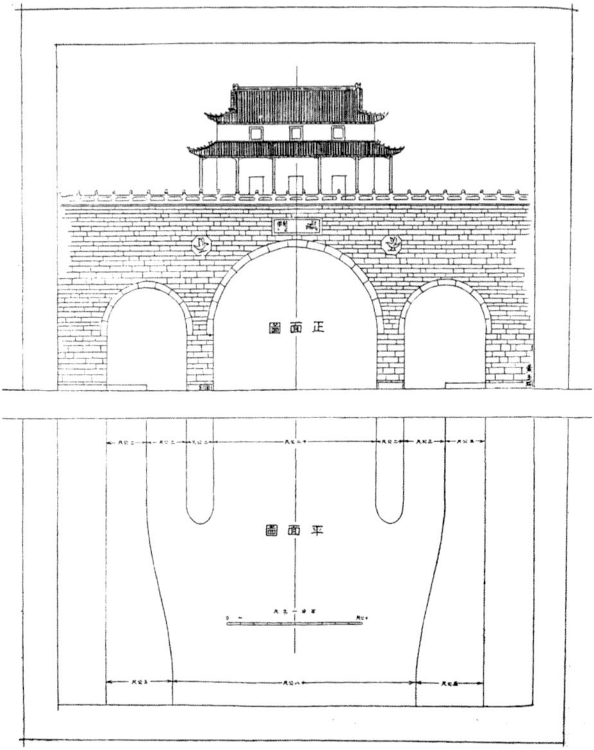

《首都计划》中推荐的城门正面图

第二节　砖文的故事

明代南京城墙砖文的价值，除了可提供城砖烧造产地之外，还蕴涵着丰富的历史文化信息，大多不见诸典籍。诸如，洪武年间朝廷委派各地官吏为确保城砖烧造质量而施行的责任制、明初农村基层组织的变化过程、各地制砖工艺和制砖泥土样本、姓氏文化、汉字简化字、民间书法和篆刻艺术等多元的文化信息，这些城砖铭文可以弥补史料的遗缺。南京明城墙城砖铭文，不仅是一座“活”的明初资料库，也为世界城垣建造史上所独有。

南京城墙砖文中出现的姓氏不可胜数，其中出现烧制城砖的人夫使用的含有吉祥寓意替代的笔名，如“窑匠黄五人夫福东海（寓意福如东海）”“窑匠黄五人夫寿南山（寓意寿比南山）”“窑匠黄五人夫远近中”等，反映了中国姓氏文化在元末明初的重大转变。

元代是少数民族一统天下，汉人百姓没有职务的一般不起名字，只用行辈和父母年龄合计数作为称呼。如朱元璋原名叫“朱重八”，他的爸爸叫“朱五四”，他的爷爷叫“朱初一”，就是其中一例。到了朱元璋做了皇帝后，因汉人重掌天下，汉人百姓又可以取名字了。如上所列，其中“窑匠黄五”，还保留了元代汉人百姓的名字。这类砖文在南京城墙上很容易找到，见证了中国姓氏文化发展中的那段历史。

南京城墙砖文中的“洪武元年”纪年砖，除了具有纪年意义外，其中的“元”字，也很有价值。

按中国封建朝代的习惯，新一代王朝对前一代王朝的年号是憎讳的。朱元璋率领的农民起义军推翻了元朝政权，憎讳“元”字十分正常。再说，朱元璋名字中有“元”字，这就更需要敬讳“元”字了。根据明初文字避讳制度，“元”字是以“宣”字替代的。在南京中山门附近，我们也可以找到这块印有“洪武元年”字样的明代纪年砖。这块城砖上的铭文，在明代算是犯了杀头大罪，不仅要追究制砖人的罪过，还要追究造砖单位官员的罪过。更何况这样的文字赫然出现在当时的都城城墙上，出现在紧挨皇宫不远的朝阳门附近，这只能说明在1368年大明王朝建立之始，明初文字避讳制度尚未形成或完善。

据扬州有关志书记载，1369年，扬州府共领三州九县，其中通州临海门县。另据当地许多文献记载，当地的烧砖史，均称始于清代。而通过南京城砖铭文，

琵琶湖段城墙

砖文中的“福东海”“寿南山”“远近中”姓名。

可知明代洪武年间，通州、海门县、泰州、如皋县等今天的南通地区已经出现了烧砖业，并且是官窑。这些砖文的发现，填补了南通烧制城砖史的空白，为志书“拾遗补阙”提供了可靠的资料。

关于烧制南京城砖的窑址，长期以来学术界无法确考其窑址产地。20 世纪 80 年代以来，许多地方先后发现了明代官窑遗址，并出土了一批城砖。在最后判定时，几乎全部是通过砖文对比相关文献的考证，从而得到了认证。如江西省万载县城康乐镇南门窑址；安徽省青阳县童埠乡常州村一带废弃的砖窑群；安徽省繁昌县新港、新淮两地及崔山乡董家村窑址；武汉市江夏区庙山西潭村窑址；江西省抚州市临川区云山镇汤周村附近窑址；江西省宜春地区发现的城砖；湖南省岳阳市新墙河岸边坡地窑址；南京栖霞区官窑村窑址等。南京城墙烧制城砖的窑址，在长江中下游各地不断地被发现，对深入了解和研究南京城墙的建造过程、明初征调人夫的各级组织和农村基层组织、城砖烧制赋役中的换工现象、烧制城砖的工艺和运输等诸多领域，都具有十分重要的价值。

寺院庵观的僧、道，在朱元璋做皇帝时是免役的；

“洪武元年造”砖文拓片

“扬州府通州提供的城砖”砖文

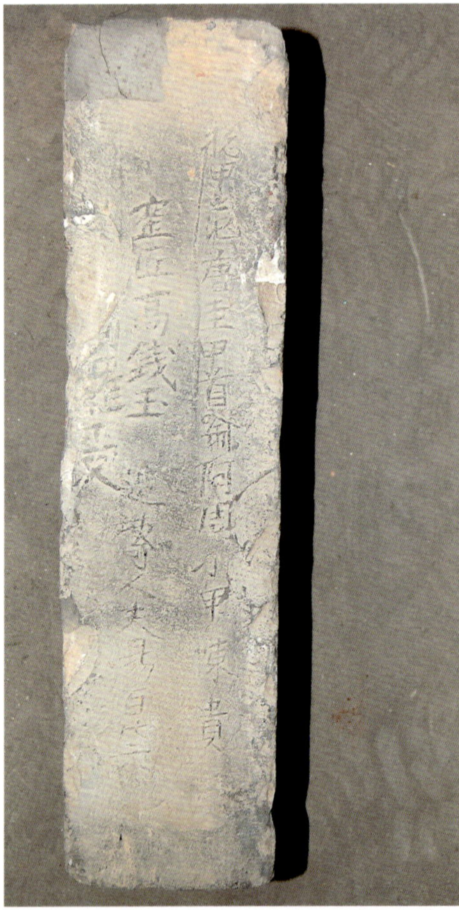

“扬州府通州提供的城砖”砖文

天界寺

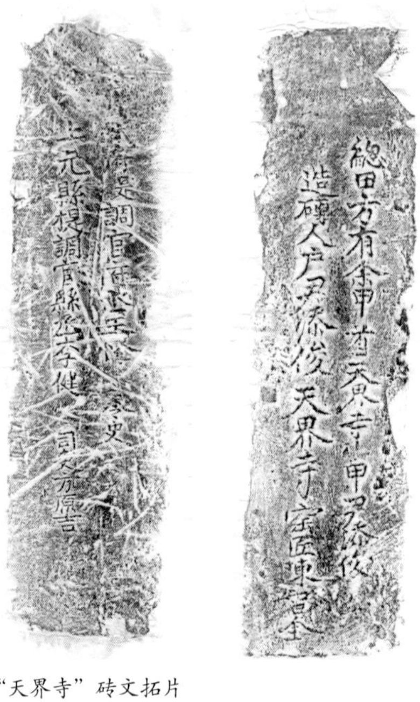

“天界寺”砖文拓片

不久也随南京城墙营造中按拥田一顷、需出人夫一人的赋役政策的实施而参役。曾为僧人的明太祖朱元璋，尽管与佛教有着难以割舍的情愫，但并没有因此赦免僧人参役。即便作为京师受皇家赏赐田地的大寺院，也要按计田出夫政策为建造南京城墙烧制城砖。如“天界寺”的砖文就提供了这方面的信息：“应天府提调官府丞王澄□令史□□ 上元县提调官县丞李健司吏方原□ 总田方有余甲首天界寺小甲尹添俊 造砖人户尹添俊 天界寺 窑匠陈智全。”

天界寺，元代为龙翔集庆寺，位于明南京会同桥之北。1356年，朱元璋到南京后曾进寺听过住持觉原昙禅师说法，印象很深，称他为“福德僧”，并十分器重他。第二年，朱元璋下令将龙翔集庆寺改为大天界寺，赏赐田地合计105顷，作为庙产。1368年，朱元璋在天界寺设立管理全国佛教事务的机构。1370年，由于南京城墙开始大规模向各地征派民夫，按当时政策，天界寺需派105名和尚烧制城砖，僧人因此苦不堪言，出现不满的情绪。1383年，天界寺住持行椿为此带领众僧前往皇宫去见朱元璋，提出将其赏赐的田地还给朝廷。朱元璋非常吃惊，问行椿和尚怎么回事。

行椿说："您赏赐给我们的105顷土地，每年收租时百姓不认同，他们认为地界不明。不仅如此，我们还要派105名和尚烧砖，实在难以忍受啊！"朱元璋当即下令：自明日起，你们都不用烧砖了。关于赏赐的土地，马上派人随同你们前往，重新丈量。这样一来，南京天界寺停止为南京烧制城砖，比1384年全国停止征派人夫烧砖政策的实施，早了近一年。

第三节　传说故事

从明代以来，有关南京城墙的故事就在民间广为流传，有的录入文人笔记，有的甚至被正史记载。这方面例证很多，影响最大的是沈秀（俗称"沈万山"）和他的聚宝盆，而且故事繁多。

据明代的野史以及清初的《明史》记载，江南富豪沈秀，听说南京造城墙，自愿捐助筑城三分之一的费用，而且还要出资犒劳参与筑城的部队将士。朱元璋非常恼怒，说："这个家伙想用钱来收买部队，扰乱军心，一定不是良民，应当杀了他。"他的建议遭到马皇后的反对："我听说国家的法律，是惩治违反法律的人。百姓中出现富过国库的人，自然有灾祸降临于他，用不着皇帝你亲自去杀他啊！”朱元璋遂将沈秀发配去云南充军了。这个故事中的“沈秀”，其实不是一个人，而是一个符号。这个符号代表了江南一大批富商或富人。明初筑南京城，朱元璋将江南一批富户的钱财集中营造城南百姓居住的城墙，即“南斗的斗勺”部分的城墙（全部采用石头建造），取富民之财，给天下百姓居住。按朱元璋当时的一贯逻辑，则是有可能的。

明人周晖在《金陵琐事》中称：“在建造聚宝门时，由于屡建屡塌，一时不知如何是好。刘基向朱元璋献计：说沈万山家中有一个聚宝盆，只要埋在城门下，城门就再也不会坍塌了。”沈万山是浙江吴兴的大富豪，家中资产无数，仅他一人就认捐了三分之一的造城费用。听刘基这么一说，朱元璋便派人向沈万山借用聚宝盆，说明打五更的时候就归还。聚宝盆“借”来后，埋在聚宝门第一道城圈内的东边城墙下，又建了座小塔，后来城门果然建好了，人们便称这座城门叫聚宝门。为了永远不归还聚宝盆，朱元璋下令南京城永远不得打五更（古代指黎明的时候），违者杀头。从此，南京就再也没有打过五更。

关于沈万山的传说，既广且神。但是，这些传说

中华门内瓮城（局部）

中华门内瓮城（局部）

P

却在民俗的层面上反映出民众赋予南京明代城墙丰富的文化内涵和某种潜意识。如马生龙在《凤凰台记事》中记载了南京城墙坚固的奥秘和朱元璋的严酷：朱元璋建造南京城墙时，采用石灰拌稀饭作为筑城的黏合材料，呈纯白色。朱元璋有时微服私访，查看筑城的工程质量，随意指一处拆开城墙砖，如果发现黏合材料中掺杂了泥土，即将筑造这段城墙的人筑入城墙中，以示惩罚，所以南京城墙才会固若金汤。

农历正月十六登城墙，是南京风俗之一，又称“走百病”“踏太平”。意思是每年的正月十六，人们登城游览，就会把身上所有的病和灾祸走掉。这个习俗流传很久，早先仅局限在石城、三山、聚宝、通济四门之上。到了20世纪初，此俗仍盛极一时，并影响到全城。另有一说：朱元璋建造南京城墙后，一般不允许百姓随意登城，因为它属于军事设防要地。南京的百姓很有意见，说城墙是我们造的，造好的城墙却连上去看看都不允许，太过分了。朱元璋得知后，遂下令每年的正月十六这天允许百姓登城，以示皇恩。21世纪后，南京不少市民自发传承了这项传统活动。

第四节　中外名人眼中的南京城墙

明朝时期（1368—1644），人们对南京城墙就有了很高的评价。谢肇淛（1567—1624）曾赞叹说："登上南京城南一带的城墙，放眼远望，可见金碧辉煌的皇宫、许多的大型寺庙，即便杭州的西湖、长安（今西安）的壮丽，也无法和南京相比。"顾起元（1565—1628）则这样写道："南京城墙超过了全国所有的城墙。聚宝门（今中华门）地段的城墙全部用巨型条石砌筑，高达数丈（约10余米），我看过全国许多的城墙，没有一座能超过南京城墙。"

当时，南京城墙也引起了来华外国使者的关注和赞叹，扩大了南京城在世界范围的影响。南京城墙体现了明代都城的气势，从整体上发挥了弘扬"国威"的作用。意大利传教士利玛窦（1552—1610）在《基督教远征中国史》（汉译名为《利玛窦中国札记》）中写道："这座都城叫做南京……在中国人看来，论秀丽和雄壮，这座城市超过世上所有其他的城市；而且在这方面，确实或许很少有其他城市可以与它匹敌或胜过它。它真正到处都是殿、庙、塔、桥，欧洲简直没有能超过它们的类似建筑。在某些方面，它超过我们的欧洲城市。……有些被认为是危险的地点，他们很科学地利用了天然防御。很难确定这重城墙的周长。当地人讲了一个故事：两个人从城的相反方向骑马相对而行，花了一整天时间才相遇。”1600 年，他在目睹北京之后又写道：“此一城市（指北京）之规模，其房舍之布置计划、其公共建筑物之结构，以及其防御工事等，均远逊于南京。”

曾德昭是耶稣会士，1613 年到达南京，1636 年返回欧洲，在旅途上完成了《大中国志》。在这部著作中，他向西方这样介绍南京城：“我认为它是全国最大最好的城市，优良的建筑，宽大的街道，风度优雅的百姓，及丰富优良的种种物品。它有令人惊羡的游乐场所……城墙有 12 道门，用铁作闩，以炮防守；城外远处，有一道完整无损的墙，其四周（因我想知道它的长度）是马行两日的路程。内墙 18 英里（约 29 公里）。两墙之间有很多住户、园林及开耕的农田，收获可供大约 4 万城内戍军的粮食。”

1656 年的春夏之交，荷兰访华使团管事约翰·尼霍夫途经南京，慕名登上城南城墙外的大报恩寺塔游览，回国后撰文对该塔赞誉有加，称之为中国最著名的工程之一。在 17、18 世纪，南京的大报恩寺塔在欧洲名气确实很大。当时欧洲的许多出版物，大凡介绍中国景物必有该塔，以至被称作“南京瓷塔”“南京之表征”“中国之大古董，永乐之大窑器”，是中世纪世界七大奇迹之一。在一些铜版画中，有反映大报恩寺全貌的，有反映城墙、护城河和寺与塔关系的，还有重点描绘大报恩寺塔细部的。其中一幅是在大报恩寺塔上描绘南京城墙东南角一段内外的景物，在这幅铜版画面上，南京城墙与护城河成为主要描绘的对象，完全没有晚清西方人看中国常常带有的鄙夷眼光，而是一种客观的写实记录。几个世纪前，通过南京大报恩寺塔和南京城墙这些物质载体，曾承担了东西方城市文化交流的重要角色。

但是到了晚清，同样的南京城墙在西方人的笔下就完全变了样。1895 年 9 月，清两江总督张之洞聘请普鲁士王国（今德国）上尉工程军官骆博凯·罗伯特来到南京，任务是对从南京到长江入海口吴淞的江防要塞工事提出改进意见。后来因张之洞离任去了武汉，再次接任的刘坤一（原先他就任过此职）改变了原来计划，任命骆博凯为陆师学堂总教习。他在南京生活、工作了近5年的时间，出于职业的敏感，对南京城墙有着超过一般人的兴趣。他在1896年3月16日给他母亲的信中写道："下一步我打算绕着长长的南京城墙走完全程。南京城墙隐隐约约的轮廓高高地从毗连的屋顶上方延伸开去，它最早的目的只是为了阻止农村人口涌进城里来。追溯到它起源的时代，那时亚洲人的武器只有弓箭、石弩和棍棒等，城墙足可抵御凶恶的敌人，保卫他们的城市。现在每天还认真地把粗重的横木推上去关闭巨大的城门，次日早上再拔出横木开门，只有单调的城墙巍峨不动。"这位蓄着非常夸张的八字胡须、后来获得光绪皇帝授予二级双龙勋章的德国人，第一次把南京城墙用照片的形式传播到了西方。

恰恰在此之前30年，普鲁士国王批准拆除了柏林城墙。拆城墙是为了城市的发展，且无须细究理由，只知道从德国来到南京的骆博凯面对两年前刚结束的大规模维修的城墙和新造的城楼时，他不可能无动于衷。他写道："我通过我的译员与一个守卫城门的军官进行了交谈。这个可怜的家伙告诉我，他就是在这个城门旁的房子里出生的，他父亲和祖父都做过守卫城门的军官。他希望自己一生都能从这个悠闲的高处观察和研究南京人的生活！典型的中国人！”这段话非常耐人寻味：一方面是正处在工业化进程中的德国，拆除了柏林城墙；另一方面晚清的中国，耗费了10.878万两白银，不仅大规模修缮了南京城墙，还依旧在守护着它。

在德国工程军官骆博凯的眼中，工业化使火炮的威力成为击破冷兵器时代城墙的利器；城市化的扩展使城墙成为城市发展的羁绊；近代科学技术促使人们追求进步的时候，晚清中国人的理想却是在城头上悠闲地观望。骆博凯·罗伯特恐怕不仅见证了城墙发展晚期东西方不同国度的形态，他还在城墙下比较了当时中国社会与西方国家的巨大的思想落差。

大报恩寺上看城墙

大报恩寺塔

骆博凯·罗伯特身佩双龙勋章照

第四章

城墙的损毁与修缮

600 年的沧桑，南京明城墙饱经战争的摧残、自然界的风雨侵蚀、城建的破墙开路以及人们价值取向的诸多影响。坚固的南京明城墙，在飞速发展的更为先进的火炮面前，军事防御价值的削弱已成事实。这堵历经数百年，作为城市防御建筑体系曾发挥过巨大作用的城垣，最终退出战争舞台既是历史的必然，也是现代战争的昭示。

南京明城墙其原生价值在发生根本性逆转的前夕，像一位耄耋老人，不仅遭受过侵华日军铁蹄的蹂躏和践踏，同时，也目睹了南京明城墙内外发生的悲壮与惨烈、历史的跌宕和兴衰。

第一节　古战场中的城墙

南京明城墙作为冷兵器时代最为坚固的城市防御体系，在火炮出现后的较长时间内，由于墙体的高大、厚实以及诸多因素，尚未能造成直接的威胁。太平天国战争期间（1851—1864），先后两次破城都是在城墙下挖地道填充炸药，将城墙炸开缺口而攻入城内的。特别是后一次清政府的部队，虽在同一地点集中使用了相当数量火炮轰击仍未能奏效，即是明证。

1659 年 7 月，南明抗清名将郑成功由崇明岛（今属上海市）入江。8 月，抵达南京城外。清朝两江总督郎廷佐一面四处求援，一面采取缓兵之计麻痹郑成功所部。在赶来增援金陵城防的清军总兵梁化凤的指挥下，郑军大败，损失海船 500 余艘，郑成功仅带少数人乘船退回厦门。顺治皇帝为了庆贺江南这场大战役的胜利，下诏将神策门改为“得胜门”。

1853 年 3 月 19 日，太平军挖地道至城墙下，炸塌了南京仪凤门（今称兴中门）附近城墙 20 余米，继而打开仪凤门，攻克南京，遂改南京为天京并定都。

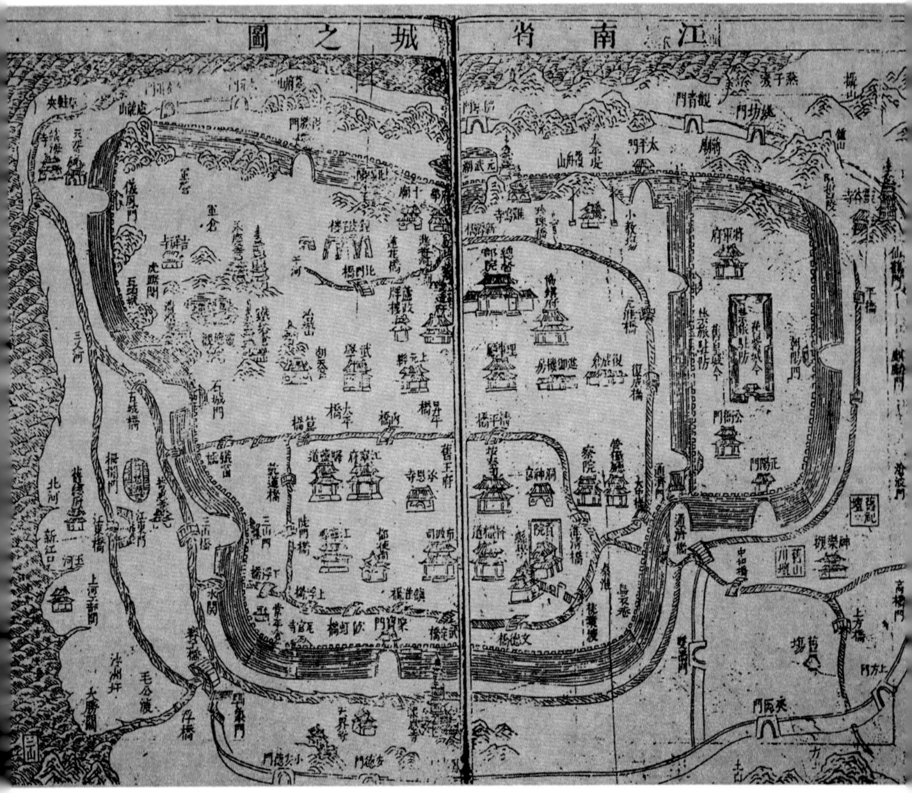

江南通志图考·江南省城图

清军江南大营1853年至1856年间围困天京示意图

1864年7月3日，合围南京近3年之久的清军，于当日攻陷太平军的地堡城。随后用了3天时间，挖地道通向城墙，幸被太平军及时发觉，炮轰火攻将遁入地道内的清军400余人俱歼，营官总兵陈万胜及哨官总兵王绍羲被毙。7月13日，恼羞成怒的曾国荃调集更多的清军，在钟山山腰处设炮台数层，安置从西方购置的火炮数十座，连续数日炮轰“龙脖子”段城墙，城上的垛口均毁，人无法站在城墙上。同时耗费5天时间，择地再次将地道挖到城墙下。忠王李秀成觉察后，于7月18日从守城的太平军中挑选了数百名突击队员，兵分两路出太平门、朝阳门，顺墙根夜袭清军地道营垒，终因清军警觉拼死抵抗而夜袭失败。次日中午，清军利用这条地道炸塌城墙20余丈，继而攻破天京。清军从太平门等城门蜂拥进入南京，开始纵火屠城。城陷后，李秀成趁夜色又从太平门城墙缺口处保护幼天王冲出。

几天后，两江总督曾国藩从安庆乘船来到南京。他在看过太平门外“龙脖子”段的两条地道口后，亲自撰文并书写了碑文，镌刻成石碑（俗称“太平门缺口碑”），还让人修复了这段被炸塌的城墙。石碑高1.84

清军内应败绩神策门图

清军从炸塌的“龙脖子”段城墙缺口攻城

曾国藩撰写并书的清军破城记事碑

米、宽0.76米，镶嵌在这段城墙内侧。这块“缺口碑”尽管记述的是清军攻陷南京城的经过，但它从侧面反映了当年两军浴血奋战的悲壮历史。

中国十大元帅之一的陈毅曾说过：“我在南京曾去过当年清军攻破太平天国天京城的突破口，后来太平天国的军队也是从这个突破口中突围出去的。我很佩服当时太平天国的指挥将领，在军事上凡是被敌人突破的地方一定是敌人兵力最薄弱的地方，所以太平军选择这个地方突围，在战术上是很高明的。”那段血与火凝固的历史，为许多军事家、学者和后人所铭记。

第二节　侵华日军对城墙的破坏

南京明城墙由于战争因素，曾遭受过大规模破坏，造成城墙最为严重的破坏是侵华日军攻占南京期间。南京明城墙作为冷兵器时代城市防御的产物，可以抵御长矛大刀、弓箭土炮，却无法抵御近代战争中侵略者的火炮。

1937年抗日战争爆发之前，国民政府军事委员会试图利用南京明城墙及周边地形，建立以城墙为主的有纵深配置的防御体系，并将南京周围城墙及其内外

以上为设置在南京城墙及
明故宫等处的碉堡和地堡

侵华日军炮火笼罩下的中华门

地区统制为城防地带。1937年11月30日至12月3日，南京的城防部队为防止敌军突入，将城北的玄武门、中央门、新民门、兴中门以及挹江门堵塞，仅留挹江门三孔门中的一个。南京城墙，成了当时抵御日军进攻南京的最后一道防线。

1937年11月25日，侵华日军占领无锡后，兵分三路进攻南京。12月7日，侵华日军华东方面军司令长官松井石根在签发的《攻占南京城要领》中，下达了“进行炮击夺取城墙”命令。12月10日，侵华日军在占领南京外围阵地后，从中山门（明朝阳门改名）、光华门（明正阳门改名）、通济门和中华门（明聚宝门改名）等城门或城墙地段，发动对南京城的进攻。其间，对坚固的南京明城墙使用了山炮、加农炮、飞机和坦克等重型火炮，实施狂轰滥炸。南京，面临一场血腥浩劫，南京明城墙在这场浩劫中首当其冲。

自1937年12月9日至12月12日，侵华日军以山炮、飞机和坦克猛烈轰击城东、城南两面的光华门、中华门、中山门和通济门，城门及附近城墙遭到严重破坏。13日，日军第16师团的前锋在一个中队轻型装甲车的掩护下，沿着坍塌的城砖，爬上中山门，狂

激战后的光华门

侵华日军炮火笼罩下的中华门

日占期间的南京中山门，无法得到及时修缮。

安地挥舞着“膏药旗”、枪支，向日军随军记者的镜头示意占领了南京城。之后，残暴的日军在城墙上用刺刀将被俘的中国士兵挑下城墙。在被炸毁的城门中，唯一具有明代风格的中华门三重高大壮丽的城楼，在炮火中被焚毁坍塌（迄今没有重建）。

12 月 17 日，日军华东方面军司令官松井石根由汤山乘车抵达中山门后，举行了所谓的“入城式”，并由中山门进入南京城。中山门，这座曾使南京人民为之骄傲、让后人永远怀念一代伟人孙中山的城门，建成不到 10 年就蒙受了如此大辱。日军占领南京后，却在被炸塌的光华门城门旁书写了“和平”两个大字，企图掩盖侵略者的罪恶行径。然而，血写的历史，是谁也无法篡改的。

第三节　城门洞开连通衢

南京明城墙的 13 座城门，曾因历史原因，先后于明代关闭了钟阜门、仪凤门和金川门，清代先后堵塞过神策门、清凉门和定淮门，之后又因战争防御需要重开神策门（后更名为“得胜门”）、仪凤门，这都是与明中后期以及清代南京城驻防兵力大为削弱有关。

长期被封堵的钟阜门

挹江门

然而，自清末至民国的短短几十年间，不仅重开了原先堵塞的部分明代城门，还先后开筑了草场门、海陵门、丰润门等10余座新城门，这主要是受到近代城市化建设浪潮的冲击。

清末，随着维新改良运动兴起，西学东渐之风遍靡全国。发轫于西方城市化建设的浪潮，使一大批朝廷命官的封闭思想受到不同程度的冲击。研究城市经济学的专家认为：“城市化的浪潮，势必要冲击、并且最终要摧毁古老的中世纪城市的墙垣，使城市适应现代工业发展的要求，并且使居民能享受现代物质文明所创造的一切现代化的生活设施。”南京城在走向近代城市化建设的伊始，坚固的城墙虽未立即遭到摧毁，但增辟城门、拆除皇宫两重城墙，甚至开始对拆除部分南京明城墙有了实质性的动议，被巨砖硕石封闭起来的南京城，开始感受到城市化浪潮的冲击力。

1895年夏，时任两江总督张之洞开筑贯通南京城区南北的主干道江宁马路；1909年，开通贯穿全城的宁省铁路，成为城墙内筑有铁路的“奇观”。对南京城市建设来说，其意义在改善南京城区交通状况的同时，标志着南京近代交通的开始和对明朝以来以南京明城墙划定城区格局的突破。

1909年，两江总督兼南洋通商大臣端方奉旨举办“南洋劝业会”，为中外宾客提供游览场所，遂在临近会场的明城墙上开辟了一座新城门（初称丰润门，后改称玄武门），以方便人们进入后湖（即玄武湖）游览。这座城门的开辟，使被城墙阻隔的玄武湖，第一次成为具有近代意义城市公园的性质。1914年，由南京下关商埠局帮办金鼎首先倡议和各界人士合议下，为开辟新的街市，繁荣下关码头岸线，在仪凤门以南新开城门一孔，称海陵门（后称挹江门），于1915年3月竣工。海陵门的开辟，对南京下关街市的形成起到了重要作用。

反过来说，在没有将南京明城墙上升到人类文化遗产高度认识以前，南京明城墙只能对城市的发展和规划起到阻隔作用，并在当时已初见端倪。

南京皇宫内主体建筑，毁于太平天国战争期间的兵火。而皇宫的两重城墙的毁弃，则主要发生在辛亥革命以后，拆除后的城砖由南京筹办旗民生计局变价作卖。拆除的城砖不仅散失于南京，有的还散失于外埠。这种属于“以工代赈”性质的拆城，是后来拆除南京城墙的前奏。1928年11月15日，国民政府下令南京特别市政府：拆除自神策门至太平门的城墙。此议虽然因遭到有识之士的强烈反对而终止，但是，南京城墙的保护与城市建设两者之间的关系如何处理，已经成为城市发展中的一个未来问题，开始逐步引起人们的关注。事实也正是如此，南京城市未来规划发展中，古城墙在现代城市发展中的地位及作用，越来越成为城建规划中一个无法回避的问题。

1908年至1936年间，南京开筑的新城门还有草场门、雨花门、武定门、小东门、中山门、汉中门、新民门、中央门等。在城墙仍然作为城市防御工事之际，因城市发展需要增开城门，一定程度上缓解了城市道路发展和保护城墙的矛盾。这种做法一直延续到20世纪50年代初增开的解放门及打通的“后湖小门”。南京在20世纪50年代之前，最多时的城门数量为26座。

第四节　拆城与保城之争

在城市由传统封闭型向近现代开放型转变的内在因素趋势下，20世纪初，全国各地掀起了一场拆城运动。广州、上海、武汉、长沙、梧州等城市，纷纷拆除城墙，使市区得到扩展，城市面貌和布局都发生了较大的变化。这场拆城风潮，也波及了北京和南京。为此展开了讨论，形成了“拆城筑路派”和“保护城墙派”。

1927 年，国民政府定都南京不久，当时南京市政府就以新都建设需要，主张将南京全城的城墙及城基所占用土地标价出卖，“化无用为有用”。这个主张一经提出，立即受到社会的广泛关注。

1929 年 3 月 15 日，以军事委员会主席（兼任中央陆军军官学校校长）蒋中正（介石）为代表的拆城派，主张拆城取砖，用于建造军校的校舍。消息传出后，立即遭到当时在上海美专学校任教的徐悲鸿的反对，他在《对南京拆城的感想》中写道：“南京之为国都，在世界各都会上占如何地位，我不敢知。我所知南京之骄视世界者，则自台城至太平门，沿后湖二千丈一段之 Promenade，虽巴黎之 Champs Eises 不能专美。”直到 1929 年年底，因国民政府批准了美国建筑师墨菲主持设计的南京《首都计划》，提出了利用南京城墙墙体改造成环城大道的设想，这场城墙拆保之争才告一段落。1934 年，出于防御侵华日军进犯南京的考虑，并将修葺南京城墙列入了城防计划。这是南京城墙在 20 世纪 30 年代初直至 1949 年期间得以保留下来的根本原因。但是，

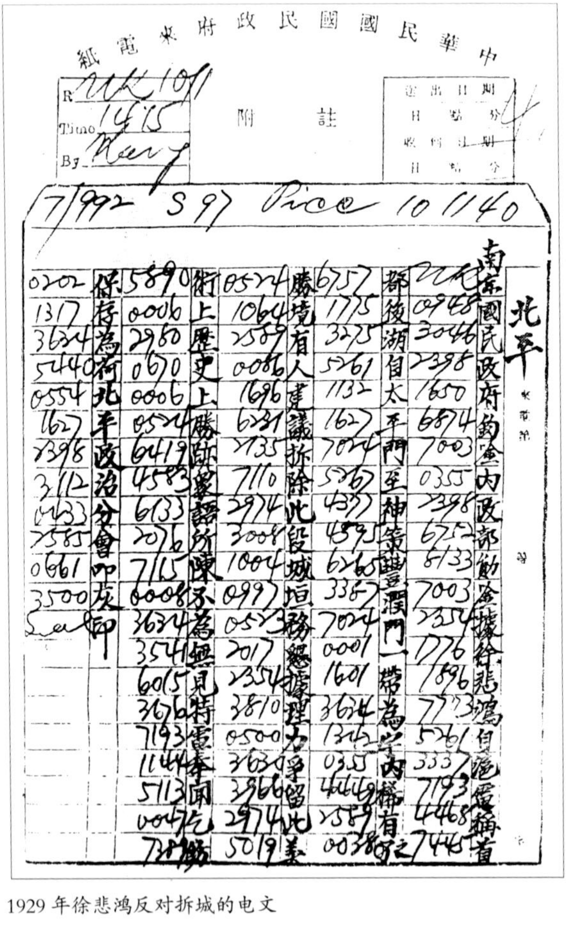
中華民國國民政府來電紙

附註

7/992 S97 Pico 101140

北平

南京國民政府鈞鑒內政部鈞鑒據徐悲鴻自滬電稱首都後湖自太平門至神策門一帶為京內稀有之勝境有人建議拆除此段城垣務懇據理力爭留此美術上歷史上勝跡等語所陳不為無見特電奉聞乞飭保存為荷北平政治分會叩灰印

1929 年徐悲鸿反对拆城的电文

南京城墙已破坏不堪，许多地段的城墙需要全面修复。

1954 年的夏秋之际，南京经历了 2 个多月的暴雨，长江水位居高不下，城内大范围积水，许多地段城墙长时间浸泡在水中，致连续发生崩塌事故，居民死伤 31 人。有鉴于此，1954 年 9 月 13 日，南京市人民委员会经过现场查勘和组织专家讨论后决定：南京古城墙“除了有历史文物价值的，有助于防空、防洪以及点缀风景的部分应予保留外，其余一律拆除”，以利城市交通和发展经济。

南京市政府为抢险应急，决定成立临时拆城工程处，开始拆除有危险地段的城墙；在有过往行人或住家的地段城墙下，搭建临时性遮挡通道，实行“以工代赈”。客观上讲，此次局部拆城是在中华人民共和国成立不久，经济正待复苏，没有可能投入巨资大规模修复早已破败的南京城墙。同时，也是为了保障市民生命财产安全的一项临时性措施。

朱偰（1907 — 1968）

南京拆城最初是局部、有选

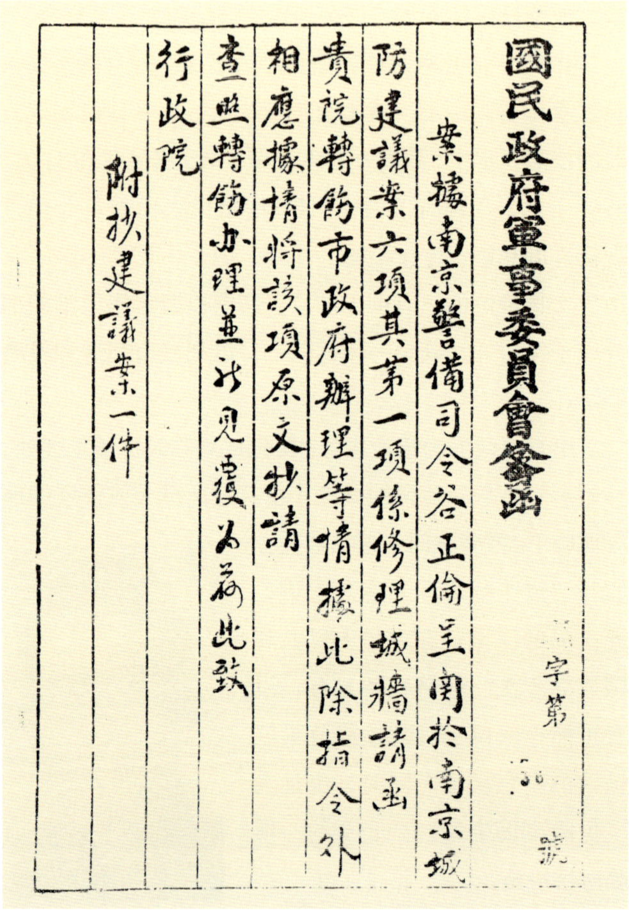
國民政府軍事委員會密函
字第 36 號

案據南京警備司令谷正倫呈關於南京城防建議案六項其第一項係修理城牆請函貴院轉飭市政府辦理等情據此除指令外相應據情將該項原文抄請查照轉飭辦理並祈見覆為荷此致
行政院
附抄建議案一件

在国民政府军事委员会密函中，谷正伦出于军事考虑，提议修理城墙。

南京市建設部門不应該任意拆除城牆

朱 偰

南京城牆建于明朝初年（开始建于公元一三六七年，卽洪武前一年），長达六十三華里余，气魄雄偉，雉堞坚固，是世界上現在保存的最大的一座城池。解放以后，由于城垣年久失修，局部城牆有崩墜危險。南京市人民政府为了保护人民生命安全，又为了便利城鄉物資交流，曾决定局部拆除，当时曾呈准前政务院除保存台城、石头城一帶城牆及中華門門圜外，逐步加以拆除。后又經文化部指示研究保存玄武湖西南兩面一帶城牆，以保存古蹟名勝。但由于南京市建設部門領導人对保护國家文物的重要意义認識不足，旣未能遵照上級政府指示办事，又未經与当地文化行政部門联系，亦未經征詢人民羣众意見，竟擅自拆除上級指定应該保护部分的城牆。今年五月，先拆除太平門到复舟山后一段，長几达一里；到了八月間，竟又擅自动工，拆除石头城鬼臉城以北一段，長达二百五十公尺左右，經江苏省文化局及南京市文物机关發現，先后加以劝止，但已拆成缺口，造成不可弥补的巨大損失。

査南京玄武湖西南兩面，古城迢迢，遙接台城，为南京風景最美丽区域之一。然而，現在从玄武湖翠洲南望，古城西部已出現一大缺口，最煞風景。石头城歷史更早，建于东漢末年孙权之手（公元二一二年），到現在已有一千七百多年的歷史，当年雄踞江上，为南京有名古蹟之一。石头城的范圍，从淸凉門起到草場門止，大部分建在石头之上，形势十分雄固，南京人民都知道加以爱护。現在竟遭市政建設部門局部破坏，实在是不可原諒的一种粗暴行为。希望南京市人民委員会立刻査明責任，加以处理，并設法制止任意利用城磚拆除古城。有关負責部門应該立卽作出檢討，并作为教訓，以避免今后再有此类事件發生，致使國家文物造成不可弥补的損失。

时任江苏省文化局副局长的朱偰在《新华日报》上公开反对南京市建设部门任意拆除城墙。

择地进行，工作进度也较缓慢。1956年8月中旬，由于南京市因建设用砖供不应求，决定成立拆城小组，开始了大规模拆城工作。江苏省文化局副局长朱偰闻讯后，十分焦虑，遂向中央文化部及有关部门提出反对意见。9月15日，中央文化部电示南京市政府停拆城墙。朱偰于同年9月23日，还撰写了《南京市建设部门不应该任意拆除城墙》一文，发表在当日的《新华日报》上，对拆除太平门附近城墙提出了批评，认为应该尽量多地保存古城墙。1957年1月，南京市城建部门修复了部分“误拆”的城墙。

然而缺乏维护的南京城墙上，杂草灌木丛生，有的树木已长成大树；城墙顶面的防排水系统遭到破坏，墙体渗水严重，致使墙体膨胀、开裂、剥落，甚至坍塌。南京明代城墙在这种状态下，古城墙的文物属性几乎完全被社会所忽略。

直到20世纪80年代初期，南京城墙的文化属性才引起全社会的关注。

维修前的武定门段城墙

维修前的廖家巷段城墙

定淮门段坍塌的城墙

第五章
保护、利用的过程与现状

自20世纪80年代以来，随着南京城市化建设步伐的加快，主城区范围从形式上完全突破了过去以南京城墙为界线的格局。人们对城市的概念，也从单纯的中国古代的“城池”，转换成为包括以南京城为中心的长江两岸数座中小城市形成的“都市圈”。昔日的城墙，已不再是今日城市地界的标志物，仅仅是城市历史的象征和印记。随着南京城市的发展，城墙被时代赋予了新的生命和文化的意义。

在南京市各级政府部门高度重视和社会各界的大力支持下，有关部门先后为南京城墙制定了专项法规和专项建设规划，先后成立了南京市城墙管理处和南京市明城垣史博物馆等专业组织机构，还结合城市建设投入巨资和人力，对南京城墙进行了史无前例的大规模抢险性维修和环境整治。修复南京明代城墙，这是600年来第一次，是为了保护人类文化遗产，而不是为了城防。这个价值观转变的过程，既是人们逐渐认识、肯定南京城墙文化遗产价值的过程，也是南京城墙实现文化转型的重要标志。

如今，随着南京城市新的规划和发展，南京城墙已成为南京现代城市格局和市民文化生活中的一个重要组成部分，是南京城市中体量最大的历史文化遗产。

第一节　历史的反思

1982年6月10日，南京市委、市政府有关领导召集各方面的专家、学者和负责人，召开了“南京市历史文化名城保护工作会议”。就南京城墙保护来说，这次会议统一并提高了人们的思想认识，具有重要意义。在这次会议上，学者、专家针对南京城墙的保护提出了很多宝贵意见，其中最重要的是统一了对南京城墙保护的认识。

树，还是那棵树——城墙周边环境整治前后

南京城墙继1982年被列为江苏省省级文物保护单位之后，1988年又被列入全国重点文物保护单位。自此，南京城墙由地方性的保护，进入国家文物保护的范围。南京城墙依据“全面保护、重点维修、整治环境、开发利用”的维修原则，由国家文物局和南京市委、市政府以及南京市建委、市文物局具体指导，南京市城墙管理处承担日常性抢险和保护，用于南京城墙的维修资金也逐年增加。1995年11月28日，南京市第十一届人民代表大会常务委员会第二十次会议制定了《南京城墙保护管理办法》；1996年4月12日，江苏省第八届人民代表大会常务委员会第二十次会议批准实施。这是中国近50年来在正式法律文本中为保护南京城墙制定的具有法律效力的有关条文，其意义和价值是深远的。

1983年，南京市文物管理委员会（南京市文物局前身）会同南京市规划局、南京市勘探设计院通过对南京明城墙的实地调查，进行反复研究，划定了三级保护范围：（1）特殊地段：按照《南京城墙保护规则》规定的范围确定；（2）一般地段：墙基两侧各不少于15米；（3）建设控制地带：墙基两侧各不少于50米。

狮子山段城墙

此后在这个基础上，由南京市规划局等有关单位共同制定了《南京明城墙风光带规划》。该规划由“控制与保护规划”和“开发与利用规划”两大部分组成：“控制与保护规划”的核心，“是一套立体的多层次的保护体系。借助这套体系，对明城墙现存段落及其周围的环境，实行全方位的、有效的保护与控制”；“开发与利用规划”，“是指城墙及城墙所依附的风景资源的综合开发与利用。根据城墙保存现状，可以有分段（片）开发与整体开发两种”。自 2000 年以后，南京城墙的维修不仅局限于“抢险”维修的局部地段，而且开始形成按规划、有步骤的大规模修缮。同时，按照《南京明城墙风光带规划》的目标要求，将修缮城墙与整治周边环境并举，既对城墙本体进行保护，也使城市面貌得到改变，取得了显著的社会效果。2004 年 12 月 27 日，“南京明城墙风光带规划与实施”项目继获得“江苏省人居环境范例奖”后，又获得 2004 年“中国人居环境范例奖”。

东水关顶部遗址

第二节　大规模修缮城墙

为了最大限度地保护好、维修好南京城墙，南京市文物局暨所属的南京市城墙管理处根据不同地段、不同墙体、不同险情等实际情况，采取多种形式的办法，对维修地段城墙进行保护。

从保护修缮的类型上，大致可分为：（1）遗址保护类。即不做大的修缮、扰动，保持遗址的历史原貌（如东水关、前湖段等）。（2）保留历史信息类。凡是遗留历朝历代留下印记地段的城墙，原则上给予保留（如神策门城楼、石头城段等）。（3）景观展示类。结合景区规划，以复原、恢复城墙历史风貌（如东西长干巷、小桃园、小九华山段等）。（4）原状保存类。不做大的修缮，仅局部小修（如新民门、汉西门内瓮城等）。（5）现代工艺加固类。在保持城墙原貌前提下，用现代材料和工艺，对受到严重破坏的城墙做结构加固和补强，以维持城墙的结构安全和景观（如中山门等）。可以说，南京城墙历史性的大规模维修，首先缘于人们的价值观发生了根本变化。这是城墙实现文化转型的结果，也是社会经济得到飞速发展、人们追求精神文化的必然。

在对南京城墙实施保护、修缮的同时，对南京城

东水关

宁静的东水关公园

墙的研究也有了突破性的进展，为城墙的科学保护与修缮，提供了重要的历史依据，确保了文化遗产的“原真性”。近20年来，一批专著和图册如《南京明代城墙》《南京明城墙》《古城一瞬间》《南京城墙志》《南京城墙砖文》《南京城墙》等先后出版，这些出版物对南京城墙丰厚的文化内涵进行了探索，提升了人们对南京城墙文化普世价值的认识。

从20世纪80年代初开始，及时回收散落在各处的城砖，成为保护、维修南京城墙的一项重要内容。自1985年至2010年，南京市有关部门组织回收散失的城砖约700万块，为大规模维修城墙提供了十分重要的原材料。

在对南京城墙大规模维修期间，社会各界以不同的形式积极参与了这项具有历史意义的活动，体现了南京市民对城墙的热爱和感情。1995年5月，南京市人民政府、南京市文物局组织开展“爱古都南京，修复南京城墙”宣传活动，号召每一个市民都为保护文物古迹、为修城墙献爱心，全市共有万余人次参加了义务劳动。1997年夏天，南京一位老人把自家花坛上的两块城砖拆下来，清洗干净后顶着烈日骑车亲自送

今日中山门

小桃园段城墙

散落的城墙砖被回收、集中

到城墙管理部门。多年来，南京市民关注城墙的一砖一石，他们及时把发现的问题通过不同方式向有关部门反映，这是南京城墙保护的坚实的社会基础。

1995 年 1 月 11 日，日中友好协会会长、东京艺术大学校长平山郁夫先生在北京拜会中国外交部副部长唐家璇，表示愿意在日本发动民众展开资助活动，以助南京城墙维修，并通过此项活动来教育日本青少年一代，以促进日中友好活动的发展。同年 5 月 24 日，在台城至太平门段城墙上举行了“中日合作修复南京城墙开工典礼”，日方捐款约 500 万元人民币，以表达对南京人民的谢罪之情。国家文物局局长张德勤、时任南京市委书记顾浩、日中友协会长平山郁夫等出席开工典礼。张德勤在致辞中对平山郁夫给予了极高的评价：“由对那场侵略战争不负任何责任的人来抚平战争的创伤，由不忘过去、面对未来、高瞻远瞩的文化巨子来协力缔造和平，这就是此时此刻正在发生的最动人的事件，它让我们感受到了由人类良知和爱心构成的伟大情感。”1996 年 3 月 3 日，日中友协会长平山郁夫先生参观修复后的南京城墙段落，并为南京城墙题词：“共同修复南京城墙，架起日中友好桥

“中日合作修复南京城墙十周年”活动现场

梁。”1998 年 5 月 24 日，中日合作修复南京城墙三周年暨中日友好纪念园竣工庆典在台城开幕，省、市领导和日本前首相村山富市夫妇及平山郁夫夫妇等友人以及社会各界人士数百人参加了这一活动。

综上所述，这个阶段的维修，是 600 年来社会对南京城墙保护和维修力度最大的阶段，其特点大致有五个方面：（1）人们对南京城墙价值的肯定和认识的提高，已经从“实用型”转为“文化型”，并将其视为重点文物的保护维修。（2）从法律、法规的制度上，给予南京城墙提供赖以长久保护的根据。（3）在组织机构上，为保护南京城墙成立专业维修队伍、专题性博物馆及保护机构，为保护和发挥其多元化的特征，并使其功能得到日益凸现和扩大，具有积极意义。（4）投入的保护维修资金和牵涉的人力等诸方面，是 600 年来南京城墙维修史上力度最大、效果最为显著的阶段。（5）修缮后的南京城墙地段，又成为带动城市经济发展、树立南京历史文化名城形象的最佳载体，呈现出南京城墙在城市发展整体构架中的不可替代性及其历史文化的魅力。

第三节　南京城墙现状

20世纪80年代以来，为了加强对南京明城墙的保护和管理，南京市先后成立了一些相关机构，诸如南京市城墙管理处、南京市明城垣史博物馆、南京中华门管理所、南京渡江纪念馆、汉中门文化广场、水西门遗址广场等。这些机构对城墙的保护和利用均曾发挥了积极作用。然而由于历史原因，南京城墙也存在多头管理、政出多门的问题，展陈空间无法满足南京城墙丰厚文化底蕴的展示，甚至许多地段的城墙修缮后不能及时开放，珍贵的文化遗产资源长期闲置。

2013年，在南京市委、市政府高度重视和协调下，为加强南京城墙全面保护、管理和利用，于12月成立了隶属于南京市文广新局的南京城墙保护管理中心。次年1月，南京市委、市政府又向全市印发了《2014年南京明城墙及周边地区保护整治和开放行动计划》的通知。新设立的南京城墙保护管理中心和这个《通知》的印发，表明南京城墙继20世纪90年代以来大规模修缮之后，从实用型转为文化型进入全面落实的阶段，标志着南京城墙已进入常态化、规范化、科学化全面开放、管理和利用的新阶段。这些措施为进一步扩大城墙的开放度和合理利用、加快南京城墙申报世界文化遗产的进度，均具有十分重要的意义。

城墙的文化属性从“文物”的概念，上升到“文化遗产”的层面，是人们思想认识上的一个飞跃。前者强调的是对“物”的保护，而后者则强调“人”在保护“物”过程中的作用。因此，南京城墙全面开放，就是一种让人参与其中的最好的保护和分享。2014年，南京城墙保护管理中心在全市各部门的大力支持下，于同年8月先后完成了中山门至琵琶湖段城墙主体维修工程、前湖缺口保护展示工程、西长干巷缺口维修工程、挹江门城楼维修工程；完成了城墙内部空间改造工程10处，新增城墙旅游配套标识牌351块，新增或改造登城步道总计33个；完成了城墙安防和智能化管理系统以及城墙亮化工程；还在和平门布展了“神策门专题展”、在台城布展了“南京城墙”“大明华章”，在城南东南角分别布展了“南唐城墙遗址”“金陵遗韵——南唐文化展”等；城墙开放后讲解员的招募和培训；拆除了城墙顶面不利于游客安全的一些建筑（如

月牙湖段城墙

仪凤门段城墙

雨花门段顶部的铁塔等）；在城墙上增添了休息亭、休闲座椅、垃圾箱摆放和城墙周边的公厕改造等配套设施。不仅如此，还制定了《南京城墙开放管理办法》、编制了《南京城墙开放手册》；与有关单位达成了开设城墙特色交通服务和全面开放后的相关旅游纪念品与创意文化产品的开发。2014 年 8 月 8 日，南京城墙正式全面向社会开放。

2014 年 7 月 9 日，中国明清城墙联合申遗项目联席会议在南京举行，南京城墙申遗工作有了新的进展。继 2006 年南京、西安、荆州、兴城四座城市的城墙被列入《世界文化遗产预备名单》后，2012 年国家文物局公布该项目确定为六省八地，即南京城墙（江苏省南京市）、西安城墙（陕西省西安市）、荆州城墙（湖北省荆州市）、襄阳城墙（湖北省襄阳市）、临海台州府城墙（浙江省临海市）、寿县城墙（安徽省寿县）、兴城城墙（辽宁省兴城市）、凤阳明中都皇城城墙（安徽省凤阳县）。在 2014 年 7 月 9 日的中国明清城墙联席会上，南京被推举为牵头城市。中国明清城墙联合申遗办公室设立在南京，南京市文广新局局长刁仁昌任办公室总负责人。此次会议，还有广东肇庆、福建

解放门小游园

从解放门段城墙上的明城垣史博物馆眺望玄武湖

长汀、河北正定、河南开封的特邀代表，希望加盟“中国明清城墙”的申遗行列。全国各地纷纷将城墙视为当地珍贵的文化遗产的现象，不仅表明了21世纪包括南京城墙在内的中国古城墙在功能上的重大转型，也反映了中国社会对中国城墙文化丰厚底蕴的共识。

南京明城墙，将南京周边诸多景点连成一线，被誉为南京大旅游格局中的一条璀璨的项链。经过多年的保护与整治，围绕南京城墙的旅游方式，也逐渐形成了三种参观城墙的选择：（1）登城游览，极目远眺；（2）城河之间，漫步休闲；（3）乘船观光，水上舟览。

南京城南，以中华门内瓮城为城南片景点的核心，向城内外辐射的景点有：城外有著名的雨花台烈士陵园、明代的大报恩寺塔遗址、古长干里、明代名人墓、瓮堂、外秦淮河等；城内有周处台遗址、芥子园遗址、花露岗附近的古杏花村遗址、凤凰台遗址、白鹭洲公园、东水关小公园、内秦淮河和夫子庙，新建的“老门东”景区，以及名人旧居和不少旧民宅。由于城南地域是南京历史上的老住宅区，贴近城墙而建的民居陋巷所弥漫的巷陌文化，成为反映南京传统风俗民情、乡土文化的聚集地。

从城南按顺时针方向由西趋北至下关，南京明城墙依起伏的丘冈、傍外秦淮河水而筑。沿线景点有水西门遗址广场、汉中门文化广场、乌龙潭公园、清凉山公园、石头城（即“鬼脸城”）遗址、古林公园、龙江宝船厂遗址、挹江门及城楼、绣球公园，以及狮子山上新建的阅江楼。

位于南京东北面的南京明城墙，是目前南京主城区中保存最长、完好率最高的一段城墙，于2014年全线开放。此段城墙自和平门（明代神策门）向南，傍玄武湖（明初称“后湖”）的西岸与南岸蜿蜒趋东，越过钟山余脉的富贵山折向南，沿琵琶湖（也称“中湖”）、前湖（昔日燕雀湖遗存，又称燕尾湖）、中山门、月牙湖段城墙，全长10余公里（除太平门约240余米缺口外）。此段城墙串联的著名景点有：神策门外瓮城、玄武湖、北极阁、古观象台、台城、南京市明城垣史博物馆、古鸡鸣寺、小九华山、龙脖子段城墙、太平天国京城失守及突围处、中山植物园、王安石故居、梅花山、明孝陵、中山门、月牙湖公园等。

太平门通往解放门段城墙

南京城墙，在全社会多年来的重视、保护和利用下，已成为南京城市文化生活中的一个重要组成部分，成为现在和未来城市的一个标志性“文化符号”。